Ociosos En La Plaza
a la hora undécima

Primera Edición, Septiembre de 2012
Impreso en Estados Unidos de América

Otros libros y materiales sobre Liderazgo pueden pedirse a través de librerías o por contacto con:

City Limits International
P.O. Box 6086
Elgin, Illinois, 60121
www.coaching4ministers.com

Ociosos En La Plaza
a la hora undécima

Dr. David P. Robinson, PhD
www.coaching4ministers.com

City Limits International
Publishing

Dedicación

Dedico este libro a mi esposa, Marie. Ella ha sido mi compañera fiel, mejor amiga y colaboradora de ministerio por casi cinco décadas; y también Madre de nuestros tres hijos: David, Lisa y Wendi. También es abuela de nuestros nueve nietos: Samantha, Lily, Sarah, Katelyn, Mary, Angie, David, Adam y Stavros y la bisabuela de nuestro bisnieto Rudy. Los amo profundamente. Ellos han enriquecido mi vida más allá de lo que jamás podría haber esperado.

Sin sus esfuerzos incansables, este libro y gran parte de nuestros esfuerzos del Reino nunca hubiesen ocurrido. Ella no sólo ha influido en mi vida sino también en la de miles de niños y adultos en todo el mundo a través de los dones dados por Dios y sus propios talentos.

Es amada por muchas personas que han experimentado su amor por la vida y el amor genuino por la gente en las iglesias donde hemos sido pastores y en las empresas propias que tratamos de conducir según principios del Reino. Ella es y siempre será, la Primera Dama de mi vida y de nuestra familia.

Agradecimientos

Mi más profundo agradecimiento a Mary Jane Kaufman, John Cummuta, Steven Sisler y Geoff Hichborn que tanto dieron para ayudarme a editar, estructurar y producir el borrador final. Son verdaderos amigos, compañeros de oración y algunos de mis mayores partidarios. Sin ellos y tantos otros que marcaron mi vida a través de los años, el libro no hubiera sido posible.

John: gracias por los "codazos cariñosos" que finalmente funcionaron e hicieron que me pusiera serio a escribir este libro y compartir con otros la pasión que viste en mí.

MJ: gracias por tus esfuerzos incansables en la edición de este libro y de mis artículos mensuales sobre Liderazgo en los últimos años. Tu fidelidad no puede medirse bajo ningún criterio.

Steven: ¿qué puedo decir? Pocos me han desafiado, como tú lo has hecho, para ser fiel a mis convicciones y "dejar que salga mi historia". Gracias por el hermoso trabajo que hiciste en la portada.

Geoff, gracias por permitir a Dios usar el maravilloso don que Él te ha dado para bendecir a muchos, incluyéndome a mí. El servicio que proporcionaste para hacer que este esfuerzo fuera un éxito se aprecia mucho más de lo que puedas imaginar.

Hay muchos otros que han tocado nuestras vidas pero ninguno más que Tim y Sharon Thomas. Hemos sido mejores amigos desde la Universidad hace más de 40 años. Mucho de lo que soy y lo que Dios ha permitido que suceda en nuestra vida lo debemos a su fiel y verdadero apoyo en muchas áreas de la vida y ministerio.

Tengo una deuda de gratitud con mi pastor, el Pastor Mark Barclay, por su gran ejemplo y fidelidad al ministerio. Para el Dr. Raymond Rothwell, quien tipeó muchos de mis manuscritos y los maravillosos amigos que fueron junto con Mary durante casi 30 años. Al Pastor Ken Harbaum y los grandes amigos de FGT que han sido tan comprensivos a través de los años y con todas las iglesias que he tenido el privilegio de conducir, cuyos miembros maravillosos me amaron a pesar de todas mis fallas.

Avales

Estoy muy impresionado y bendecido con tu nuevo libro, David — habla de un aspecto muy importante del cristianismo "cotidiano" del que pocos creyentes o líderes somos conscientes. Avalo totalmente tu libro como alguien que ha vivido en ambos lados de la consagración mencionada en este documento (Efesios 4:11 y Efesios 4:1). Además de mis años profesionales como abogado y mis 25 años como pastor, ¡rara vez he encontrado creyentes o líderes que entiendan los conceptos encontrados en tu libro! Es esencial que los creyentes cambien la forma en que ven su cristianismo y su vida profesional para cumplir con sus tareas de la vida.

Tu libro "Ociosos En La Plaza @ a la Hora 11ma" es una lectura obligada para los líderes/pastores cristianos, así como cada cristiano en la plaza. Debemos cambiar nuestra manera de pensar, ampliar nuestra comprensión y comenzar a fluir en la consagración que es legítimamente nuestra, especialmente la consagración en la plaza. Gracias David por haber llamado nuestra atención a estas verdades y revelaciones.

Dr. Brian D. Scott
HBA, LLB, D.min.
Victory Christian Centre / Wealth Producers Ministries
London Ontario

Ociosos En La Plaza es un libro notable que revela una verdad hace tiempo perdida al tiempo que muy buscada por pastores y creyentes. Verdaderamente estoy convencido de que cada creyente en todas partes debe leer este libro y pedirle al Señor Jesús que abra sus ojos para ver y recibir.
David ha estado ardiendo en su corazón y buscando a Dios durante años por esta revelación y una manera de introducirla. Ha trabajado duro para conseguir este libro en

sus manos. Le ruego que lo lea lentamente y medite cada página. ¡Ha llegado el momento para todos nosotros seamos ministros capaces del Nuevo Testamento! ¡Una lectura obligatoria!

Dr. Mark T. Barclay
Pastor, Living Word Church - Midland Michigan
Fundador, Righteous Preacher's Network

Este libro lleva un mensaje que es muy necesario hoy en la plaza. Como me he familiarizado con David Robinson, he encontrado que es un hombre íntegro y extremadamente dotado de un profundo conocimiento de Ministerio y del negocio.

Lo que se presenta en su libro: "Ociosos En La Plaza @ a la Hora 11ma", es una obra completa e inspiradora acerca de cómo podemos, como gente de negocios, extender nuestro alcance al mundo en la plaza actual.

Ronny Svenhardt
CEO Svenhardt Swedish Bakery
Exeter California
CEO Business Men's Fellowship
Oakland California

En el ministerio es fácil caer en la rutina de la urgencia, que a su vez deja afuera problemas con valor eterno, como el desarrollo de líderes claves. Formar discípulos es desarrollo de liderazgo, que sólo pasa a ser una parte muy importante de la gran Comisión.

Aprecio que David Robinson en su nuevo libro, Ociosos en la Plaza @ a la hora 11ma, haya desarrollado este anteproyecto excelente para reconocer que nuestro destino es la plaza y no sólo nuestro destino diario. David nos da una visión clara de lo que la Sagrada Escritura requiere de nosotros y cómo podemos lograr ese destino.

Ha tendido un audaz curso bíblicamente exacto que enseña, inspira y nos reta a convertirnos en líderes apostólicos en la plaza, líderes del pensamiento, modeladores de opinión y un cuerpo de creyentes fortalecidos por el Espíritu Santo para transformar la cultura de las Naciones a través de principios vividos en el lugar de trabajo.

Dian Scott
Secretaria Ejecutiva de Business Men's Fellowship
Oakland California

He conocido al Dr. David Robinson desde hace 40 años. He visto su crecimiento en Dios y experimentado de primera mano la sabiduría divina del Dr. Robinson. En este libro, identifica bien los problemas que enfrentan la iglesia, los ministros y el mundo de los negocios al mismo tiempo que te lleva a través de la oposición y los problemas que enfrentan. El mundo está pidiendo a gritos, incluso mendigando un liderazgo mientras el pueblo de Dios ha abandonado esa responsabilidad a un liderazgo sin Dios, especialmente en el ámbito de los negocios y la política.

"La Iglesia no sólo necesita renovaciones sino cerebro." Necesita desesperadamente una enseñanza sólida, equilibrada y bíblica por aquellos llamados y ungidos para el ministerio de plaza con la inteligencia emocional necesaria para ayudar a que la gente lo capte.

Dentro de estas páginas serás llevado del fracaso de la iglesia mundial a la victoria a través de una receta bíblica. Los pastores, políticos, ministros, trabajadores cristianos, educadores y definitivamente los empresarios necesitan leer este libro.

David R. Griffith
Presidente, Texzon Utilities Ltd
Un cristiano en la plaza por más de 40 años.

Se decía del apóstol Pablo que algunas cosas que escribió eran difíciles de entender. Eso no es el caso del Dr. David Robinson quien escribe con pasión y claridad sobre el fracaso de la Iglesia en responder a las órdenes de Cristo para formar discípulos de todas las Naciones. Si bien algunas cosas que dice son difíciles de aplicar, no se puede negar su verdad. Hábilmente expone la frase frecuentemente citada, pero rara vez implementada de ¡que cada miembro es un ministro y cada ministro tiene un ministerio! Ahora tengo un libro de texto con la cita.

En su libro bien escrito con respaldo bíblico, el Dr. Robinson establece el modelo bíblico para cumplir la gran Comisión en nuestra generación. No es una lectura de cultura pop cristiana sino un apasionado llamado a aplicar estos principios bíblicos y el cambio de la cultura y al hacerlo; cambiar el carácter del mundo. ¡Lean, lloren, arrepiéntanse y apliquen! Gracias Dr. Robinson por su desafiante mensaje de esperanza para nuestra generación.

Dr. Charles Travis
Presidente
Logos University
Jacksonville Florida

Ociosos en la Plaza...a la Hora Undécima revela que el obstáculo número uno para la evangelización mundial es y ha sido la división que se creó entre el clero y los laicos, lo sagrado y lo secular y los ministerios dentro de la iglesia a tiempo completo y a tiempo parcial.

El Dr. Robinson revela que esta mentalidad dentro de la iglesia tradicional no sólo es irreconocible en las escrituras sino que ha permitido que el enemigo intervenga y controle los gobiernos, sistemas educativos y negocios de la plaza del mundo. Esta es una tradición no bíblica que Satanás ha utilizado para infiltrar la iglesia mediante la formación de un sistema de clases de ministerio. El Dr. Robinson revela que Dios nunca tuvo la intención de que un grupo selecto se responsabilizara por Su programa para evangelizar y discipular el mundo.

El Dr. Robinson nos lleva a una mirada profunda de cómo la iglesia puede a discipular una nación a través del ministerio de plaza. Identifica los principios y características que son exitosas en el discipulado a través de la esfera de los negocios. Sus ejemplos dan instrucciones claras y ánimo, para que la iglesia pueda tener una profunda influencia sobre las naciones, cuando seguimos el camino de Dios en el cumplimiento de la gran Comisión.

Dr. Dennis Lindsey
Presidente
Cristo para las Naciones
Dallas Texas

El Dr. David Robinson no sólo ha recopilado un excelente proyecto: *"Ociosos En La Plaza a la Hora Undécima"* por el cual las iglesias de Estados Unidos pueden expandir su ministerio más allá de sus cuatro paredes, sino que ha desafiado a cada individuo que ocupa una posición en la plaza a que se den cuenta de que son un llamado ministro del Evangelio.

Se certifica la validez del Ministerio de David en la forma en que escribe con claridad, comprensión y compasión. Habiendo conocido y trabajado con David durante muchos años, creo que ha 'vivido' lo que ha escrito. El pueblo de Dios, especialmente a los pastores/líderes, necesitamos escuchar, reflexionar y aplicar estas verdades bíblicas en sus vidas, iglesias, organizaciones y ministerios.

Dr. Raymond E. Rothwell
Fundador, Leadership Mentoring Ministries
Eaton Ohio
"OCIOSOS EN LA PLAZA" explica la desconexión de la Iglesia con la plaza lo que produce una menor efectividad para construir el Reino. Realmente hay un "Campo de Cosecha" y, como a mi Pastor le gusta decir: "sólo podemos conseguir los pastores de las bancas, y sólo podemos llenar las bancas de la calle... así que ¿qué estamos haciendo para conocer a las personas donde en realidad viven?" El libro de Dave Robinson responde poderosamente a esa pregunta.

Kerry L Fink, CEO
CRMC CRSM
TYG Studio Center
Palm Bay Florida

En este libro, mi amigo y formador de ministerio de gran experiencia, David Robinson, demuestra cómo el plan universal y el llamado de Dios ha sido secuestrado, dividiendo a la iglesia y falsamente asignando a sus ministros en campos desconectados nunca ordenados por Dios.

Con la esperanza de una *comunidad* raramente experimentada, integrada, motivada y al mismo tiempo profundamente añorada, David describe el corazón de Dios para unificar estos dos grupos dispares llamados "clero" y "laicos". La unificación de estos grupos se inicia con el plan de Dios para la plaza en la cual aquellos que ministran según Efesios 4:1 se ven reforzadas por y a su vez presentar a los ministros llamados a una administración Efesios 4:11.

David Robinson es un astuto observador y testigo convincente a lo revelado por el Señor Jesucristo en nuestros días. Habiendo conocido a David por años, no resulta sorprendente que haya discernido verdades centrales y sin embargo, ocultas y eternas, pertinentes al tema del regalo de Dios para la iglesia de los ministros quíntuples y diligencia por mandato de los cristianos en la plaza. La esencia de su obra muestra que estos grupos no estaban destinados a trabajar independientes unos de otros.

Dada la experiencia de David con el ministerio pastoral, su trabajo en la plaza y como ministro quíntuplo del Evangelio de Jesús, David revela por qué la iglesia no ha alcanzado su pleno potencial y describe en detalle el plan coherente que Dios revela en Efesios capítulo 4. Centrándose en los versículos 1 y 11, David demuestra que el llamado de Dios, no es ni para el clero ni para los laicos en particular, sino para cada creyente, que trabaje en la plaza en la vida cotidiana, como Dios asigna.

El trabajo de David explica claramente que cualquiera sea nuestro llamado y talentos, nuestra tarea es caminar con éxito en la plaza como testigos y alentar a aquellos que lo hacen, mientras están en el mundo pero no formen parte de él. David demuestra que esa actitud era un aspecto central de la vida y ministerio de Pablo.

Habiendo comenzado, administrado y trabajado en varias organizaciones con y sin fines de lucro, he recibido las palabras de David, llenas de amonestación e instrucción, pero también llenas de promesa y esperanza para mis negocios y para la iglesia. Los empresarios y líderes de la plaza se presentan: Dios quiere hacer grandes cosas en su esfera y negocios y a través de ellos, en la plaza mundial como Sus testigos.

Geoffey Hichborn, Sr., Ingeniero Civil
Building Forensics International (Inc.)

Arche' International (501c3, Inc.)
Arche' Africa International, ONG
Anaheim California

La pasión de Dave es la pasión de Dios – ver Su presencia y poder en pleno funcionamiento a través de Su gente los domingos en su lugar de trabajo. Dios envió a Jesús y Jesús nos envía al mundo por la misma razón – para que los perdidos pueden encontrarse. ¡David nos muestra clara y poderosamente este mandato bíblico del cielo! Cada lector debe prestar mucha atención y cometer o comprometer a ser testigo de la plaza.

Dave presenta claramente el plan de Dios en el que los "líderes de plaza (Ministros de Efesios 4:1) son un regalo para la obra de Dios Unido, así como los ministros quíntuples Efesios 4:11 ... El éxito del Reino está determinado por lo bien que los ministros Efesios enseñan, capacitan y entrenan a sus ministros de plaza Efesios 4:1 para ganar todos los días. "

Te regalo el final del libro: ¿Por qué la plaza? Porque ahí es donde las verdaderas batallas por las almas de los hombres se luchan y se ganan o pierden. ¿Por qué ahora? Porque cada día cerca de 156.000 personas mueren mientras que su destino eterno pende en la balanza. ¿Cuánto tiempo más puede permitirse la Iglesia permanecer ociosa en la plaza?

Jim Hall

New Life Christian Life Ministries
Springfield Missouri

Índice

Prólogo

"Pablo y Silas han causado problemas **en todo el mundo** —gritaban—, y ahora están aquí perturbando también nuestra ciudad". Hechos 17:6

"Esa misma Buena Nueva que llegó a ustedes ahora corre **en todo el mundo.** Está cambiando las vidas en todas partes, de la misma manera en que cambia la suya ese primer día que escuchaste y entendiste la verdad sobre la gran bondad de Dios a los pecadores." Colosenses 1:6 (NTV)

¡En todo el mundo!

En la primera referencia, Pablo es acusado de causar problemas "en todo el mundo" por predicar el Evangelio. En la segunda referencia, Pablo está dando a otros el crédito para que la Buena Nueva circule "en todo el mundo". ¿Qué sabía Pablo que sus acusadores no sabían? Que el mundo nunca será alcanzado desde el púlpito.

Dave Robinson no sólo está de acuerdo con el apóstol Pablo sino que ha probado esta verdad "en todo el mundo" por trabajar incansablemente, en Estados Unidos y en el extranjero, reuniendo a los creyentes de la plaza con los ministerios para satisfacer las necesidades de la gente y hacer el que el Evangelio sea predicado a todo el mundo.

Sé que debería llamarlo Dr. David Robinson, pero conozco a Dave desde era pastor en una iglesia del barrio de Chicago. Yo estaba al frente de una emisora cristiana cuando él llegó a mí con la idea de un programa llamado "Los Límites de Ciudad." El corazón de Dave estaba con la gente abandonada de nuestros barrios céntricos pobres. Vio iglesia tras iglesia cambiar los límites de la ciudad por suburbios seguros y confortables, y se dio cuenta de que los mensajes que llenaban esos vacíos no eran el Evangelio de Jesús. No hay nada sorprendente en eso.

Pero lo que me sobresaltó después que comencé a sentarme en el ministerio de Dave Robinson, es que él esperaba que ¡YO levantara mi trasero y ministrara a esa gente abandonada!

"¡Espere! ¿No puedo arrastrar a algunos a la iglesia, pastor, para que usted los convierta?"

Fue entonces cuando empecé a ver que este hombre tomó el cuarto capítulo de Efesios al pie de la letra y esperaba que nosotros, los que estábamos sentados, hiciéramos el trabajo del ministerio. Sin embargo, ése no era su único o incluso su mayor desafío. Cuando la influencia del Pastor Robinson creció hasta convertirse en un pastor de pastores, halló que no sólo los "laicos" tenían una visión distorsionada de cómo Jesús esperaba que el evangelio saliera "por todo el mundo". Los líderes de los ministerios también estaban atascados en el lodazal "clérigos/laicos".

En las décadas siguientes, mi carrera profesional evolucionó en las finanzas personales como profesor y autor, mientras que el pastoreo de pastores y líderes de ministerio del Dr. Dave se convirtió en global. Sin embargo, como éramos hermanos y buenos amigos, quedamos en contacto permanente. Así que tuve el privilegio de ver su visión ampliada y agudizada. No obstante, al final, es la simplicidad misma. Jesús utilizó hombres y mujeres de la plaza para construir Su iglesia... principalmente afuera, en la plaza.

Pablo intentó al principio construir iglesias a través de las sinagogas, pero no funcionó: mucha hostilidad en las actitudes. Entonces, fue a la plaza para utilizar hombres y mujeres haciendo que llevaran el Evangelio viral de Jesucristo "por todo el mundo".

El Dr. Dave pudo ver esta realidad de la plaza desde los primeros días, pero le llevó una vida de experiencias para incorporarla a este libro.

Este libro condena y alienta al mismo tiempo. Culpa al modelo del "ministerio profesional" con su incapacidad para hacer por su cuenta la Gran Comisión, mientras que se atreve a llamar ministros de plaza a aquellos de las bancas al igual que a los del púlpito... simplemente porque eso es lo que dice Efesios 4.

Si estás cómodo en la plataforma o en las bancas y no quieres que nada tumbe tu bote de "clérigos/laicos", deja este libro y huye. Pero si has estado pensando que tal vez sea hora de llevar el mensaje del Evangelio "a todo el mundo" usando la misma estrategia que Jesús y sus Apóstoles, ¡debes leer este libro!

Estarás aprendiendo de uno de los más sabios y cariñosos seguidores de Jesús que he conocido.

John Cummuta

Autor de *"The Transforming Debt into Wealth© System"*

Introducción

Las palabras saltaron de la página esa mañana cuando leí Mateo 28— *"Id, pues, y haced discípulos de todas las naciones"*. Dije: "Señor, ¿cómo haces para discipular a un país entero?" Mientras reflexionaba, pensé sobre el hecho de que la Iglesia ha luchado durante años para hacer discípulos de uno en uno, mucho menos aún discipular naciones enteras. Lo que surgió durante las próximas cinco o seis horas proporcionó la base para este libro. En verdad, la envangelización y el discipulado mundiales *deben* ser el corazón y alma de la Iglesia en sus esfuerzos para expandir el Reino de Dios si se quiere tener éxito.

La respuesta del Señor no me la esperaba cuando pregunté: "¿Cómo hago para discipular una nación?" Él dijo: "Estudia Éxodo, Levítico, Números y Deuteronomio, pero desde una perspectiva del discipulado." Mientras pensaba en estos cuatro libros de Moisés, recordé cómo Israel había salido de Egipto después de 430 años de esclavitud para comenzar un viaje de cuarenta años en el desierto — el pueblo elegido de Dios, oprimido durante generaciones por los faraones en el apogeo del poderoso reino de Egipto, que ahora era liberado. Lo que originalmente comenzó como una familia de 70 hebreos sin amenaza para Egipto, con el tiempo creció a varios millones, una amenaza incuestionable para el faraón reinante.

Bajo el liderazgo de Moisés, se encontraron en el desierto de Sinaí cargados de una cantidad formidable de riqueza egipcia, pero sin gobierno, sistema educativo, sistema de salud, directrices de saneamiento u otros elementos vitales para mantener una nueva nación — además no tenían fronteras definidas que pudieran llamar hogar. No eran una nación con sustentabilidad — eran una multitud. Sin embargo, Dios les daría una. En los próximos cuarenta años, a través de un proceso diferente a todo lo que estaban acostumbrados, Israel experimentaría los cambios necesarios para convertirse en una fuerza a la que había que tener en cuenta.

Dios los discipularía a través de su caminata de cuarenta años por el desierto. Durante estos cuarenta años de vagar sin rumbo, Israel cometería el emblemático error de confundir su destino con su destinación. Pensaban que su destino era llegar a la Tierra Prometida — no lo era.

La Tierra Prometida era sólo su destinación desde donde se cumpliría su destino. Según el Éxodo 19:6 Dios dijo: "*Y ustedes serán mi reino de sacerdotes, mi nación santa...*" (NTV). Es en este versículo que entendemos el deseo de Dios para que hagan por otras naciones lo que Él hizo para ellos en el desierto, pero se negaron, así que Dios estableció el sacerdocio y ungió a Aarón y sus hijos para que funcionen como los únicos sacerdotes sirviendo a la gente.

Este sistema terminó en Samuel I 2. Eli, que era el sacerdote actuante en aquel momento, falló en sus obligaciones como sacerdote y padre en relación a Israel y a sus hijos. Sus dos hijos Ophni y Phinees sólo empeoraron las cosas ya que se hicieron cada vez más destructivos acerca del templo. Él reprendió a sus hijos, pero el daño ya había sido hecho. Dios había tenido suficiente... Él quitó a Eli del sacerdocio e impidió que alguno de su familia continuara allí.

Dios esencialmente mató el sistema eclesiástico y en Samuel I 2:35, pronunció:

"*Y yo me suscitaré un sacerdote fiel, que haga conforme a mi corazón y a mi alma; y yo le edificaré casa firme, y andará delante de mi ungido todos los días.* " (RVA)

Creo que esto no es sólo una referencia directa a Jesucristo, sino también a la Iglesia moderna. Más aún, hay tradiciones en la Iglesia actual que debemos honrar y permitir que nos sigan guiando porque señalan verdades importantes. Las tradiciones son útiles cuando nos recuerdan las verdades que representan, pero a menudo se convierten en obstáculos para una evangelización y un discipulado mundial eficaces. Por desgracia, modificar o desechar las tradiciones demasiado pronto puede crear problemas aún más cuando las reacciones instintivas dividen y devoran a los enfermos afectados por él.

¿Dónde está la Iglesia en todo esto? Está cometiendo los mismos errores que Israel—está confundiendo su destino con su destinación. La mayoría de nosotros vivimos en consonancia con la premisa de que nuestro destino es ir al cielo, pero de igual manera que con Israel, el cielo es nuestra destinación, del cual se cumplirá nuestro destino. El destino de la Iglesia es gobernar y reinar con Cristo siempre sobre Su creación.

Servir a Dios sin el destino adecuado crea debates no sólo doctrinales y teológicos sino que también promueve una falta de enfoque y pasión por nuestra misión terrenal, que se basa en el continuo proceso de hacer discípulos de todas las Naciones. El paralelo es claro, no sólo Israel estaba originalmente destinado a ser un reino de sacerdotes, la iglesia también recibió esta misma tarea. Pedro I 2:5-9 (RVA)

"... *Mas vosotros sois linaje escogido, real sacerdocio, gente santa, pueblo adquirido...*" En esencia, la Iglesia es llamada a ser un reino de sacerdotes que caminan en consagración regia, cumpliendo deberes reales. En la conversación, Juan observó en el primer capítulo de su Apocalipsis que Dios una vez más afirma nuestro llamado a ser un reino, constituidos en sacerdotes (1:6). Aunque la versión de la Biblia de Reina-Valera utiliza: "*...reyes y sacerdotes...*" otras versiones traducen "que ha hecho de nosotros un reino y nos ha constituido sacerdotes..."

Nótese que el tiempo verbal en Éxodo 19:6 es futuro. En Pedro I 2:5-9 el tiempo de verbo es presente y en el Apocalipsis es pasado (1:6). Él le estaba diciendo a Israel que debería ser para Él un reino de sacerdotes. De igual manera, Él le dice a la iglesia que debemos ser un sacerdocio real. Todos somos llamados a ser sacerdotes con una consagración real.

Si la Iglesia debe tener un impacto profético y abordar eficazmente la convocatoria para la evangelización y el discipulado mundial, debería aprobar el manto del sacerdocio para todos los creyentes. El propósito de la muerte de Jesús en la cruz, así como la llenura de cada creyente con el Espíritu Santo no fue establecer otro modelo natural de culto muerto a través de trampas sacramentales, que crean poca actividad en la plaza, sino a ser parte de un esfuerzo sobrenatural a través de las misiones guiadas por el Espíritu para cambiar este mundo.

Todo este esfuerzo que hoy llamamos Cristianismo fue iniciado por un pequeño empresario llamado Jesús. Él reclutó a 12 hombres de la plaza cuando podría haber ido al centro de instrucción de la élite religiosa de su época y haber elegido a los 12 mejores estudiantes de teología para Su primer equipo de evangelización mundial. La mayoría de los hombres que Él eligió no pasarían el examen de membresía de la mayoría de las iglesias de hoy porque, según el libro de Hechos, eran hombres *sin conocimiento* e *ignorantes*.

Ellos ciertamente no serían invitados a subirse a un púlpito o unirse a la asociación ministerial local. Según Pablo, eran débiles, despreciados, necios y carecían de linaje noble. Sin embargo Jesús vio algo de valor en cada uno de ellos y los invitó a unirse a Su equipo. Si Él hubiera elegido hombres de la escuela de Gamaliel, el sistema eclesiástico de su época, Pablo se habría unido a Su equipo unos años antes.

Además, es importante tener en cuenta que Dios elige personas que el mundo no elegiría si se les hubiera dado la tarea de buscar un director general o líder de la iglesia. Triste y frecuentemente, en la Iglesia actual buscamos una persona ilustrada cuando buscamos líderes. Queremos identificarnos solamente con lo que nos parece exitoso y consumado porque creemos que los líderes deberían ser reflejos nuestros.

Luego de que Jesús eligió a Su equipo, su muy corto Ministerio itinerante fue suscrito por seis damas emprendedoras que creían firmemente en Él y Su misión — ahí debe haber un mensaje para la Iglesia actual. ¿Ha sido ignorado, inentendido o abandonado a favor de un modelo pastoral más refinado que no ha producido impacto apostólico/profético en la plaza, el gobierno o en instituciones de enseñanza superior?

¿Por qué la Iglesia en gran parte está ociosa en la plaza alrededor del mundo? ¿Por qué la Iglesia en gran parte ha abandonado el mandato bíblico de discipular a las naciones? ¿Qué se necesita para discipular una nación? ¿Tenemos en la actualidad ministros Efesios 4:1 en la plaza, o simplemente buenos cristianos en sus propios asuntos y trabajos seculares? ¿Entienden los ministros Efesios 4:11 su misión dada por Dios? ¿Son ambos grupos de Ministros en Efesios 4 enseñados, formados, equipados, desplegados y entrenados a la excelencia en su llamado al discipulado verdadero y evangelización mundial?

¿Ven ambos grupos el valor de la alianza Divina establecida por Dios todo el tiempo? Si fuera así, la iglesia no tendría su almuerzo provisto por humanistas, musulmanes, secularistas, defensores de la Nueva Era y otros opositores anticristianos. Carne y sangre no son el enemigo sino las fuerzas del mal que usan estos sistemas de creencias para obstaculizar la evangelización y discipulado de la plaza en todo el mundo.

Después de viajar casi una década, y trabajar a tiempo completo con líderes cristianos en la iglesia y en la plaza, he hallado que la mayoría no puede defender la fe que pretenden creer y que no están cómodos compartiendo su fe cuando las oportunidades se presentan. La incapacidad y falta de confianza para compartir la fe es una de las principales causas de la ociosidad de la plaza hoy.

El propósito de este libro es abordar estas preguntas y otras, en mi pasión por ver que la Iglesia se eleve con poder y autoridad en cada nación y responda el llamado como ciudadanos, hijos y embajadores del Reino de Cristo. La Iglesia debe suspender su lucha desde una posición defensiva y tiene que plantear una ofensiva estratégica y planificada, haciendo su trabajo por su agenda y no manipulada por el plan de juego del mundo. En vez de permanecer escondidos en un búnker, debemos sumergirnos en la refriega, armados con espadas. No se trata de cuánta tierra protegemos sino cuánta tierra hurtada invadimos y recuperamos.

Muchos de nosotros estamos sentados esperando instrucciones o el permiso para aprobar lo que ya sabemos pero hemos olvidado. ¿Cuándo fue la última vez que fuiste al campamento del enemigo y tomaste lo que no le pertenecía? Como el profeta Amós que describe a un pastor rescatando una oveja: *"Un pastor que trate de rescatar una oveja de la boca del león recuperará sólo dos patas o un pedazo de oreja"* Amós 3:12 (NTV), una imagen de un frenético Pastor viene a la mente — desesperado por recuperar lo que le pertenece y que fue confiado a su cuidado. Demasiados cristianos luchan por mantener hoy la victoria personal con poca fuerza para emprender los grandes temas del Reino.

¿Podría esta ser la razón que los libros cristianos de "autoayuda" son tan populares en la iglesia y la capacidad de defender y compartir la "Buena Nueva" es casi inexistente en la plaza? La Iglesia debe permanecer sensible a los perdidos, lastimados, quebrados, abusados y abandonados sin comprometer el Evangelio y nuestro llamado a la evangelización del mundo y a ver a las naciones discipuladas y engendradas. Es hora de que la Iglesia, reunida los domingos, mire cuán efectiva podría ser cuando estuviera encargada de lunes a sábado en la plaza, en los pasillos del gobierno y en las instituciones de enseñanza superior.

¿No es irónico que el texto dice: "... *ociosos en la plaza...*» y no ociosos en la Iglesia? Yo afirmo que si la iglesia fuera eficaz en la plaza, debería haber ajustes en los líderes de la iglesia responsables por los cosechadores empleados allí. La Iglesia no es un Comité de Acción Política respaldando a los políticos buenos o malos. No son activistas políticos promoviendo cierta marca de "teología de la liberación".

Nuestra misión como Iglesia no es cambiar el panorama político a través de autorizaciones, presiones o actividades. Nuestra misión es ser "sal y luz" al tiempo que se cosecha la siega en la plaza. Gran parte de la Iglesia está tratando de cambiar el programa de las personas no regeneradas sin abordar la razón para ello. El dilema moral que divide a la plaza es el resultado de la ausencia de la autoridad de Cristo en su interior. No hay ninguna solución política a los problemas morales del hombre.

" *¿No decís vosotros: Aún faltan cuatro meses para que llegue la siega? He aquí os digo: Alzad vuestros ojos y mirad los campos, porque ya están blancos para la siega.*" Juan 4:35 (RVR1960)

> *Como podrán ver, hay varios temas repetidos a lo largo del libro. Creo que son muy importantes para generar actividad de plaza. Todavía muchos dicen que la repetición es el mejor maestro, de ahí mi fundamento para incluirla en todo el libro.*

1
EL LIDERAZGO APOSTÓLICO PRODUCE ACTIVIDAD DE PLAZA

Superar la ociosidad en la plaza requiere líderes de don apostólico. Por mucho tiempo, los dones de pastor y maestro han guiado a la iglesia; son sólo dos de los cinco dones de la Ascensión que Jesús dio en Efesios 4. Ambos son extremadamente importantes para la vida de una congregación local pero ineficaces sin los otros tres dones. Los pastores y maestros son necesarios para capacitar y apoyar a los creyentes ya comprometidos a seguir a Cristo, pero crean muy poca actividad en la plaza.

Las congregaciones locales y los ministerios, guiados por líderes apostólicos, constantemente se centran en las oportunidades de plaza que abundan en cualquier dirección. Los líderes apostólicos son energizados por lo que podría ser y desenergizados por lo que es. Constantemente buscan maneras creativas de infiltrar su cultura con el mensaje evangélico. Evangelistas, profetas y apóstoles inmaduros tienden a ser prepotentes y a estar en tu cara. No obstante, como esos dones maduran con la experiencia y con una sólida enseñanza, encuentran formas de afectar las vidas de las personas sin ser insistentes.

¿Qué es un líder apostólico? Alguien dotado de la capacidad de crear una visión convincente para su tarea en la plaza, un plan para llevarlo a cabo y la habilidad para construir un equipo que ejecute la estrategia bajo la dirección del Espíritu Santo.

Los equipos apostólicamente dotados, si vienen de una iglesia, organización o negocio, son motivados, energizados por las oportunidades actuales y las posibilidades del mañana y desenergizados por las responsabilidades y detalles de la gestión actual.

Hay una crisis de liderazgo en nuestro mundo hoy en día – no una crisis de gestión. Los líderes enfrentan numerosos desafíos en la plaza, el gobierno y la educación, y la Iglesia no está exenta. Las iglesias, organizaciones y empresas están tratando de gestionar su camino hacia un futuro mejor. Los buenos gerentes logran un presente mejor pero hacen poco para crear un futuro atractivo. Hay líderes que son grandes solucionadores de problemas. Los llamamos gerentes en la plaza y pastores en la iglesia.

Son vitales y el presente sería un caos sin ellos. Sin embargo, la mayor escasez es de líderes que establezcan metas, sean constructores de equipo y talentosos visionarios. Pasan la mayor parte de su tiempo mirando a través del telescopio mientras los gerentes miran a través del microscopio. Los líderes gerentes tratan con la realidad actual, mientras que los líderes estratégicos se concentran en el futuro. Lo que una persona hace hoy afecta al futuro, con intención o sin ella; ninguna acción carece de consecuencias.

El paisaje del liderazgo es estéril en todas partes, especialmente en las tres entidades que controlan cada nación. La primera entidad es la plaza, que crea la economía y paga por todo. Es por ello que la Iglesia debe aportar valor a la plaza si queremos ver la transferencia de riqueza de los impíos a los justos de la cual se habló tantas veces. La segunda entidad es el gobierno. Los gobiernos aprueban leyes y reglamentos que controlan a los ciudadanos de cada nación. Si en algún momento fueran necesarios los justos en el poder, es justamente hoy en día.

La gente se lamenta en todo el mundo por los funcionarios corruptos e insensibles. La tercera entidad se compone de nuestras instituciones educativas, especialmente las universidades. Es en estas salas de educación superior donde se deciden las filosofías y los valores de las generaciones siguientes. Las oportunidades de la plaza llegan a cada generación, pero sólo una vez.

Debemos aprovechar esa oportunidad única durante la vida de esa oportunidad. Los líderes de la Iglesia apostólicamente dotados deben guiar el camino para desarrollar la actividad de la plaza. Los líderes pastoralmente talentosos siempre se centran en lo que está pasando dentro de la Iglesia local, como deberían hacerlo, pero si permitimos que ese don domine, la plaza permanece ociosa. La Iglesia tiene responsabilidades de plaza muy definidas descritas en Mateo 5:13-16:

> «Ustedes son la sal de la tierra. Pero si la sal pierde su sabor, ¿cómo volverá a ser salada? Ya no servirá para nada, sino para ser arrojada a la calle y pisoteada por la gente. Ustedes son la luz del mundo. Una ciudad asentada sobre un monte no se puede esconder. Tampoco se enciende una lámpara y se pone debajo de un cajón, sino sobre el candelero, para que alumbre a todos los que están en casa. De la misma manera, que la luz de ustedes alumbre delante de todos, para que todos vean sus buenas obras y glorifiquen a su Padre, que está en los cielos". (RVC)

Según Jesús, la Iglesia debe ser sal y luz - no sólo en los encuentros dominicales sino también en la plaza todos los días. Los cristianos de la plaza están en exhibición todo el tiempo. Las linternas son para la oscuridad. No estamos en la plaza para hacer brillar nuestra luz en todos los pecadores sino para permitir que la luz de Cristo revele lo bueno que acontece en nuestras vidas, dando esperanza a aquellos todavía sumidos en la oscuridad.

En este pasaje, la palabra raíz de sal en este pasaje significa algo más profundo que conservante. También significa "los de la élite"— gente que fijan los estándares. Los cristianos no están en la plaza para mantener un estándar fijado por no creyentes o por creyentes inmaduros. Están ahí para fijar un estándar bíblico con espíritu de excelencia. Tenemos que ser culturalmente sensibles pero no al costo de ser espiritualmente incorrectos. La Iglesia, mediante sus ministros Efesios 4:1 proporciona la revelación, marca la pauta y conserva los resultados de la cosecha.

La mayoría de los líderes de la Iglesia son líderes pastorales (gerentes), no apostólicos (estratégicos). Ambos son importantes y necesarios para el éxito en la plaza, pero ofrecen diversas funciones. Los pastores son gerentes, por definición. Se requiere que resuelvan problemas y proporcionen una gestión diaria a congregaciones locales, organizaciones y empresas. Tratan temas de salud espiritual y emocional y detalles de la administración de gestión. Los quieres en el ómnibus pero no como choferes.

El Desafío Número Uno del Liderazgo

El desafío número uno para los líderes principales, independientemente del lugar, es saber la diferencia entre la gestión de hoy y la creación de mañana. Una razón principal de que la iglesia esté ociosa en la plaza es que los líderes de la iglesia con experiencia están empantanados en administrar lo que ya se ha creado. A menudo se me pregunta: "¿Cuánto tiempo debería trabajar nuestras metas para el futuro?" Respondo: "Si eres responsable por el futuro, deberías trabajar en ellas todos los días." La mayoría del tiempo del líder principal debería centrarse en lo que sucede en la plaza y cómo afecta a aquellos que pasan la mayor parte de su vida.

Deje que los pastores gestionen los retos de hoy; los líderes apostólicos deben permanecer enfocados en el futuro y el plan para llegar allí. No importa si lideras una iglesia, organización o empresa. Si eres ignorante u ocioso en la plaza, pronto serás irrelevante en la mayoría de lo que haces en otros lugares.

Por lejos, el mayor desafío del liderazgo es el liderazgo apostólico, definido por los líderes dotados y capacitados para crear una visión convincente, construir un equipo de seguidores apasionados y desarrollar una estrategia que sea simple pero integral. ¿Te describe eso a ti y a tu equipo? ¿Te has preguntado si eres un solucionador de problemas o un fijador de metas? Olvida tu título por un momento y resuelve los conceptos básicos. Tú y aquellos a quienes guías serán más felices y plenos.

¿Dónde se originan los líderes estratégicos/ apostólicos? En primer lugar, déjame decirte de dónde no vienen. No provienen de academias, seminarios, talleres o conferencias. Los maestros, instructores y consultores no pueden producir líderes estratégicos. Puede enseñar principios, escribir libros, talleres y contratar consultores, pero sólo puede reproducir quién eres. Génesis 1:11-12 dice: "*Todo se reproduce según su especie.*" (Mi paráfrasis).

Por mucho tiempo, los líderes de la Iglesia local han sido capacitados en instituciones históricamente dominadas por pastores y maestros. La mayoría de la gente con el don de pastor o maestro son personas dedicadas, pero no son capaces de preparar a alguien como líder estratégico o para fluir en el don apostólico, el más necesario para un liderazgo superior. La mayoría de los líderes de la Iglesia tienen sus manos llenas de los desafíos internos de vida de la iglesia y las vidas de sus miembros. Tienen poca energía para las preocupaciones de la plaza. Sueltan a su gente en los frentes de batalla de la plaza y esperan que de alguna manera lo logren hasta verlos en la Iglesia al domingo siguiente.

La mayoría de los pastores se siente bien si su gente está en la Iglesia "cada vez que las puertas están abiertas", pero no tienen idea acerca de la efectividad de sus miembros en la plaza, donde pasan más tiempo y gastan más energía y recursos. Hasta que los líderes de dones quíntuples cambien ese enfoque interno asegurándose de que sus miembros sean adecuadamente enseñados, formados y equipados, la plaza permanece ociosa.

Los líderes de la Iglesia del Primer Siglo fueron estratégicos (enfocados en el futuro) con los dones apostólicos y proféticos. Nombraron diáconos, ancianos y pastores para pastorear y "gestionar" las congregaciones crecientes. ¿Cómo nos alejamos tanto de ese modelo? Creo que nos alejamos de ese modelo por permitir que la formación de líderes de la Iglesia fuera hecha por gerentes al volante del autobús. Tal vez nunca reconocieron la diferencia.

Alguien que conoce el destino (razón por la que existimos) y las destinaciones (puntos de llegada en el camino) necesita conducir el autobús de cada iglesia, ministerio u organización. El conductor necesita conocer el plan de acción o estrategia (un buen mapa) y cómo leer una brújula (conjunto de valores claros) cuando el mapa se torna difícil de seguir. Llamamos a estos conductores de autobús, líderes apostólicos.

No pueden estar en los asientos cuidando o entreteniendo a la gente. Si los líderes apostólicos no están conduciendo el autobús, el autobús termina en la zanja o experimenta un paseo muy aburrido. Si algún gerente sube al asiento del conductor, el autobús rara vez sale del estacionamiento, pero siempre trata de que el viaje sea lo más cómodo posible.

Todos los dones de Efesios 4:11 son vitales para el éxito y la trascendencia. Si no lo fueran, Jesús no los habría otorgado a la Iglesia cuando Él ascendió de regreso al Padre. Que algunos dones sean malinterpretados, desafíen el statu quo o nos incomoden a veces, no es razón para decir que ya no son vitales y necesarios para la Iglesia de hoy.

Creo que gran parte de la confusión, desilusión y frustración dentro de la Iglesia son causados por la falta de enseñanza sólida sobre el ministerio quíntuple y cómo aprovechan los dones del Espíritu Santo impulsan los dones de Efesios 4 que Cristo les dio. Si el Espíritu Santo vino para ayudarnos a entender a Cristo, tiene sentido que los dones del Espíritu Santo hayan sido dados para aprovechar los dones que Cristo otorgó.

"Ahora bien, Cristo dio los siguientes dones a la iglesia: los apóstoles, los profetas, los evangelistas, los pastores y los maestros. Ellos tienen la responsabilidad de preparar al pueblo de Dios para que lleve a cabo la obra de Dios y edifique la iglesia, es decir, el cuerpo de Cristo. Ese proceso continuará hasta que todos alcancemos tal unidad en nuestra fe y conocimiento del Hijo de Dios que seamos maduros en el Señor, es decir, hasta que lleguemos a la plena y completa medida de Cristo.

Entonces ya no seremos inmaduros como los niños. No seremos arrastrados de un lado a otro ni empujados por cualquier corriente de nuevas enseñanzas. No nos dejaremos llevar por personas que intenten engañarnos con mentiras tan hábiles que parezcan la verdad. En cambio, hablaremos la verdad con amor y así creceremos en todo sentido hasta parecernos más y más a Cristo, quien es la cabeza de su cuerpo, que es la iglesia. Él hace que todo el cuerpo encaje perfectamente. Y cada parte, al cumplir con su función específica, ayuda a que las demás se desarrollen, y entonces todo el cuerpo crece y está sano y lleno de amor." Efesios 4:11-16 (NTV)

Cuando la actual Iglesia del "Domingo" comience a asemejarse a la Iglesia del Primer Siglo, verás que la actividad aumenta en la plaza de lunes a sábado. Las personas heridas están buscando ese tipo de Iglesia para unirse. No ven esta sal y luz de la Iglesia del Primer Siglo en la mayoría de los cristianos en la plaza de hoy, entonces no tienen ningún deseo de seguirlos a la Iglesia. Los líderes apostólicos/estratégicos corrigen eso si recibes su don.

Sin embargo, estos líderes y sus dones no son bienvenidos en la mayoría de las Iglesias y las organizaciones actuales porque su teología es dispensacionalista, o sea los roles apostólicos y proféticos desaparecieron después de que la "iglesia primitiva" fue plenamente instaurada. Como resultado, ellos no enseñan a sus ministros de plaza cómo operar en su ministerio de plaza. Esta es una gran razón por la cual la ociosidad prevalece en la plaza.

No permitamos que nuestras luchas con títulos y jerarquías sofoquen la operación de los dones que Cristo dio. Si la gente con esos dones fuera acogida y autorizada a operar como un equipo, se podría resolver la mayoría de nuestros problemas internos de la iglesia y se crearía una oleada de actividad en la plaza.

Pastorear o no Pastorear

En el mundo de la Iglesia, a todos los responsables de liderazgo superior, los denominamos "Pastor", tengan o no el don de pastorear. Teniendo en cuenta nuestra cultura, no sé cómo cambiar eso, o incluso si deberíamos hacerlo. Después de 45 años de trabajo en el mundo de la Iglesia, he aprendido algunas cosas.

- No todo el mundo llamado pastor tiene el don de pastorear o de liderazgo superior.
- Los jóvenes que salen de nuestras instituciones de formación pueden ser estudiantes de la Palabra y deberían serlo. Sin embargo, estos estudiantes han recibido enseñanza de pastores y maestros que probablemente no tengan el don o conocimiento apostólico y la experiencia para enseñarles cómo proporcionar un liderazgo estratégico.
- Si bien llamamos a estas instituciones: "Centros de formación," forman muy poco porque la formación no se hace en un aula. Nadie se forma en un aula. En el aula, se enseña pero sólo se forma en el trabajo a través de las oportunidades de formación significativa.

- Si no tienes a alguien en el equipo de liderazgo base con un don apostólico, la iglesia, organización o empresa no va a crecer, tener una trascendencia o manifestar impacto profético en la plaza.
- Puedes decirle "Pastor" a una persona, pero si no tiene un don apostólico, deberían estar pastoreando bajo la supervisión de alguien que sí lo tenga. No se trata de orgullo sino de eficacia con el don de cada uno que sirva al propósito adecuado.

Los líderes de la Iglesia del Primer Siglo entendieron que no eran independientes o codependientes sino interdependientes. Sabían cómo formar líderes estratégicos para llevar el Evangelio a la plaza. A su vez, estos líderes estratégicos sabían cómo formar y nombrar a los gerentes (pastores) y conducir a ellos y a sus miembros en la plaza para expandir el Reino. Se negaron a ser empantanados con las preocupaciones de este mundo o las preocupaciones de la vida cotidiana congregacional. Ellos fueron presas de lo que yo llamo "Los Cinco Grandes". El primero es "El Gran Mandamiento" en Mateo 22:35-40:

> *"Uno de ellos, experto en la ley religiosa, intentó tenderle una trampa con la siguiente pregunta: —Maestro, ¿cuál es el mandamiento más importante en la ley de Moisés? Jesús contestó:—"Amarás al Señor tu Dios con todo tu corazón, con toda tu alma y con toda tu mente". Este es el primer mandamiento y el más importante. Hay un segundo mandamiento que es igualmente importante: "Amarás a tu prójimo como a ti mismo". Toda la ley y las exigencias de los profetas se basan en estos dos mandamientos". (NTV)*

Siempre son los "expertos" los que quieren desafiar a la Iglesia verdadera y su mensaje. Los apóstoles que Jesús empoderó ciertamente tenían sus defectos pero entre ellos no había falta de amor y pasión por su misión y su destino. Sólo el amor hizo que el Padre enviara a su Hijo, sólo el amor hizo que Jesús sufriera la vergüenza y el dolor de la cruz y sólo el amor hizo que cada uno de los apóstoles originales excepto dos sufrieran una muerte de mártir. Uno de esos dos se quitó la vida y el otro sufrió una agonía incalculable y fue enviado a morir en una isla aislada.

Si no somos tomados por el amor, no serviremos con pasión y audacia en la plaza. Sólo las Iglesias y los ciudadanos del Reino tomados por el amor hallan la realización suprema en la actividad de la plaza– "la obra del Ministerio".

Jesús dijo que el Segundo Mandamiento es igual al primero: "Ama a tu prójimo como a ti mismo". No como amas a Dios, Su Palabra o incluso a los perdidos y lastimados – sino como te amas a ti mismo. Amarse a sí mismo no es lo mismo que el amor propio. A muchos cristianos les resulta difícil gustarse, mucho menos amarse a sí mismos. ¿No lo crees? La próxima vez que estés con un grupo, pídele a todos que escriban 25 cosas que aman entrañablemente de sí mismos. ¿Alguna vez pensaste en ello personalmente? ¿Es larga tu lista?

Creo que Jesús quiso decir: "¿Amas a Quien Yo soy en ti? ¿Amas a quien tú eres en Mí? ¿Amas la vida que vives ahora en vez de la que te retiré?" Si lo haces, cuéntale a alguien. Invítalo a seguirte como tú sigues a Cristo. Alguien dijo una vez: "La evangelización es un mendigo diciéndole a otro mendigo dónde está el pan".

Olvida el Primer Mandamiento si no te comprometes al Segundo, la Gran Misión Conjunta, en Mateo 28: 18-20:

> *"Jesús se acercó y dijo a sus discípulos: "Se me ha dado toda autoridad en el cielo y en la tierra. Por lo tanto, vayan y hagan discípulos de todas las naciones, bautizándolos en el nombre del Padre y del Hijo y del Espíritu Santo. Enseñen a los nuevos discípulos a obedecer todos los mandatos que les he dado. Y tengan por seguro esto: Estoy con ustedes siempre, hasta el fin de los tiempos." (NTV)*

Si bien el primer Mandamiento se basa en el amor, el segundo se basa en la obediencia. La obediencia no motivada por el amor pronto se convierte en rebelión. La rebelión en la mente pronto se mete en tu espíritu y si no se la trata con rapidez y decisión pronto se manifiesta en el comportamiento. Es por ello que Pablo en Romanos 12 habla de la "renovación de la mente". El cambio de comportamiento siempre comienza con un cambio de mentalidad.

La mayor parte de la Iglesia está ociosa en la plaza porque no se han decidido a cambiar. Los líderes constantemente tratan de cambiar el comportamiento de la plaza sin cambiar su mentalidad (forma de pensar). La mayoría de los cristianos y, tristemente, la mayoría de los líderes de la Iglesia está satisfecha con la asistencia a la iglesia y el servicio, lo que yo llamo trabajo de Iglesia. Si no lo estuvieran, las cosas cambiarían. Los líderes deberían estar preguntando: "¿Por qué estás ocioso en la plaza? ¿No sabes que es la hora undécima?" El discipulado y evangelización de la plaza es el trabajo de la Iglesia.

No se llama la gran opción sino la Gran Misión Conjunta. ¿No te alegras de que no sea una misión sino una misión conjunta? No estamos solos en la plaza, somos la casa de Dios y el templo del Espíritu Santo. Todo el poder del cielo y la divinidad reside en nosotros. La obediencia sólo entra en juego cuando se dan instrucciones claras. Incluso si has leído la Biblia cientos de veces o una vez, ¿el ministerio de plaza es una opción que elegimos o una orden que debemos seguir?

Los teólogos debatirán los verbos en Mateo 28:18-29 pero creo que el texto asume que tú estás "yendo" y varios otros verbos delinean la estrategia para cuando vayamos.

*"**Haced discípulos a todas las Naciones...**"* Todo lo que se hace cuando se reúne la iglesia debería preparar y apoyarnos en nuestra tarea cuando la iglesia se dispersa. Si no lo hace, debería ser eliminada o asignársele menor importancia.

*"**Bautizarlos...**"* Esta es una declaración pública de una decisión interna de abandonar todo y seguir a Cristo. Debemos hacerlo fácil para la gente que se conecta con el mensaje de la Iglesia, sin poner en peligro lo que se necesita para ser un discípulo (seguidor fiel) de Jesucristo. Nosotros deberíamos sumergirlos en la Palabra, no sólo en agua.

*"**Enseñándoles a obedecer**"* la Iglesia debe enseñar a la gente a obedecer todos los mandamientos de la palabra de Dios en cada circunstancia. Jesús dio 49 mandamientos en el Nuevo Testamento relativos al discipulado. ¿Cuántos conoces, obedeces y vives fielmente en la plaza? ¿Cuántos de esos discípulos conocen, entienden y viven fielmente? ¿Qué valor tiene un Evangelio predicado en la plaza pero nunca vivido en la plaza? La salvación se basa en la gracia de Dios y favor inmerecido, pero el discipulado significa una vida y estilo de vida muy diferentes. Sólo los verdaderos discípulos marcan una diferencia en la plaza.

Aparecen todos los cristianos con tareas de plaza. Algunos aparecen y desaniman a la gente. Otros permiten que el Espíritu Santo se muestre y atraen a la gente al Jesús en ellos. Enseñar a la gente a obedecer es sumisión a la palabra de Dios. Sin embargo, el problema más profundo es la rendición. Es difícil presentar el acto de obediencia hacia afuera sin rendirse primero en tu corazón.

La sumisión es una acción, mientras que la rendición es una actitud. Ceder a la guía del Espíritu es una gracia rara vez vista en la Iglesia hoy en día mucho menos en la plaza. Sólo los discípulos maduros conocen la diferencia entre sumisión, entrega, rendimiento y cuándo usarlas.

¿Dónde están los apóstoles y profetas?

Los dones de apóstol y profeta guían a la iglesia, no los de pastor y maestro; verás orden y paz en la iglesia y la actividad en la plaza. Nuestro texto dice "Toda autoridad" para la misión fue dada a Cristo por el Padre y transmitida a la Iglesia en el Día de Pentecostés. Durante décadas, o hasta siglos, la Iglesia utilizó el poder de Pentecostés para aumentar los servicios corporativos y las actividades de la Iglesia, pero de alguna manera lo pasó por alto en la actividad de la plaza.

Una simple revisión del libro de Hechos muestra los dones de poder operados principalmente en la plaza. De los 39 "milagros de poder" registrados en el libro de Hechos, 38 acontecieron en la plaza. Las reuniones de la iglesia fueron reservadas para oración, estudio de la Palabra, compañerismo y la Cena del Señor. Parece como si las reuniones de la Iglesia fueron una preparación para el ministerio en la plaza.

Si a la iglesia se le da "toda la autoridad", es hora de demostrar lo que realmente cuenta: la plaza – no sólo un servicio o próxima conferencia. Si Jesús viniera a la ciudad y tuviera que elegir entre una convención para los cristianos o una oportunidad en la plaza, ¿qué crees que Él elegiría y por qué? Tu respuesta revela dónde viven tú y los que guías a la luz de la Gran Misión Conjunta.

El texto finaliza con una promesa que debería consolar a los que temen y fortalecer a los obedientes. *"Estoy con ustedes siempre...."* Mateo 28:20 (NTV) Esta promesa especial de la presencia de Cristo está limitada a los obedientes a la orden para ir, bautizar y enseñar. Creo que hay una unción especial reservada para las personas, iglesias, organizaciones y empresas comprometidas a las órdenes finales que Jesús dio antes de dejar la tierra. Puedes aparecer en la plaza pero nunca debes intentar algún negocio en el Reino sin depender de esta promesa. Puedes o no "sentir" Su presencia cuando se presentan oportunidades Divinas, pero sin duda lo harás después de ese primer paso de fe en obediencia a Su mando. Yo lo he experimentado cientos de veces ministrando en la plaza.

La publicidad de American Express dice: "No salgas de casa sin ella." Una mejor y más eficaz advertencia es nunca entrar en la plaza sin una unción fresca del Espíritu Santo. Grita como el rey David en Salmos 92:10: *"Señor, úngeme con aceite fresco."* Olvida el Gran Mandamiento y la Gran Misión Conjunta si no te comprometes a la gran oportunidad que se encuentra en Juan 4:35:

> *"¿No decís vosotros: Aun hay cuatro meses hasta que llegue la siega? He aquí os digo: Alzad vuestros ojos, y mirad las regiones, porque ya están blancas para la siega"* (RVES)

"No decís" significa deshacerse de todas las excusas para el ocio en la plaza. Durante más de 30 años, he orado casi todos los días "Señor, ayúdame a ser sensible a aquellos que pondrás hoy en mi vida". Debemos entrenar a nuestro espíritu recreado para ser sensible a lo que está pasando alrededor de nosotros cada día, no sólo en el mundo natural, sino también en el mundo espiritual. Antes de que podamos ver la cosecha, debemos creer que Dios está trabajando en los campos de cosecha antes de llegar. Podemos no podemos ganar un alma todos los días, incluso cada semana o mes.

Sin embargo, si pasamos meses y años sin una cosecha personal, algo anda mal en algún lugar. Marcar una diferencia en la plaza para muchos comienza con "decir no". Luego el texto dice: *"Levanten la mirada..."* La Iglesia no sólo debe levantar sus corazones en la oración, deben levantar sus ojos a los campos. La cosecha está lista porque la mesa está puesta y el banquete con Cristo y los ejércitos celestiales está listo. Creo que lo único que evita el retorno de Cristo es predicar el Evangelio del Reino a todas las Naciones, recolectar la cosecha final y hacer discípulos a todas las Naciones.

Como segadores de fin de tiempo, debemos trasladar a la proximidad de la cosecha que acompaña a nuestra llamada y aprovechar cada oportunidad que presenta nuestra esfera de influencia. Mientras que el Gran Mandamiento está basado en el amor y la Gran Misión Conjunta se basa en la obediencia, la Gran Oportunidad se basa en el discernimiento.

La eficacia en la plaza requiere conciencia espiritual. La evangelización no es una *"misión de atraco del Espíritu Santo"* donde los pecadores están abrumados con nuestra presentación del Evangelio y se rinden por culpa o presión. Es simplemente la conciencia espiritual de la fruta madura para la cosecha cuando somos guiados diariamente por citas Divinas.

El Cuarto es la Gran Perturbación. La multitud de la sala superior no fue a la Sala Superior para desarrollar una estrategia para la evangelización mundial. Fueron en obediencia a las instrucciones finales de Cristo para recibir el poder de ser testigos y cumplir su orden final: *"...haced discípulos de todas las Naciones."*

"Una vez mientras comía con ellos, les ordenó: "No se vayan de Jerusalén hasta que el Padre les envíe el regalo que les prometió, tal como les dije antes. Juan bautizaba con agua, pero en unos cuantos días ustedes serán bautizados con el Espíritu Santo."

"Pero recibirán poder cuando el Espíritu Santo descienda sobre ustedes; y serán mis testigos, y le hablarán a la gente acerca de mí en todas partes: en Jerusalén, por toda Judea, en Samaria y hasta los lugares más lejanos de la tierra.

El día de Pentecostés, todos los creyentes estaban reunidos en un mismo lugar. De repente, se oyó un ruido desde el cielo parecido al estruendo de un viento fuerte e impetuoso que llenó la casa donde estaban sentados. Luego, algo parecido a unas llamas o lenguas de fuego aparecieron y se posaron sobre cada uno de ellos. Y todos los presentes fueron llenos del Espíritu Santo y comenzaron a hablar en otros idiomas, conforme el Espíritu Santo les daba esa capacidad." Hechos 1:4; 2:1-4 (NTV)

Se trata de Jesús

Nada dice la Biblia sobre que debemos llevar no creyentes al edificio de la iglesia, dice que tenemos que hablarles acerca de Jesús. Por más de 100 años la iglesia ha estado debatiendo el significado de este texto. ¿Tienen todos los creyentes la misma experiencia como los reunidos ese día durante la fiesta judía de Pentecostés? ¿Está la evidencia física inicial de Pentecostés hablando en "otras lenguas"? ¿Es esta experiencia para la iglesia actual? ¿Tienes algún poder en la plaza para atestiguar si no tienes esta experiencia? El debate continúa. Estas preguntas y muchas más aún están en el aire después de más de 2.000 años.

Tengo mi propia experiencia apoyada fuertemente por las escrituras. Me siento cómodo y contento con mi teología y posiciones doctrinales. No tengo ningún problema con aquellos que tienen puntos de vista diferentes. Este libro no es una apología del significado Bíblico de los textos citados. Es un llamamiento a quienes reclaman a Cristo como Señor, Salvador y Rey a hacer algo acerca de la ociosidad en la plaza. Creo sin disculpas que la "experiencia" de Hechos 2:4 le da a cada cristiano la mejor oportunidad de efectividad, si es utilizada para su propósito original.

Explicar los textos es importante, pero no tan importante como ir a la plaza con autoridad y poder sobrenaturales. Podemos discutir sobre la "evidencia inicial", pero creo que no puede haber ningún debate sobre la evidencia sustancial de su continua presencia y actividad sobrenatural en la plaza. Aquellos que se oponen a la visión Pentecostal en el texto citado se oponen también a la mayoría de los demás dones de poder. No se trata de quién tiene más razón, sino de quién es más eficaz.

Me encanta el slogan de Nike – "Sólo hazlo" en la plaza y deja los debates para los teólogos. Sólo el poder del Espíritu Santo le da a la iglesia la ventaja competitiva que necesita para ganar y manifestar impacto profético.

Se trata de la Plaza

Podemos hablar con alegría y entusiasmo sobre el movimiento del Espíritu en la casa de la Iglesia y deberíamos hacerlo. Es maravilloso sentir Su presencia cuando dos o más se reúnen en Su nombre. Sin embargo, no podemos tolerar que comience y termine allí. Es triste decir que la mayoría de las renovaciones empiezan y terminan en la reunión de oración. Lo que comenzó en el Cenáculo se derramó rápidamente en la plaza, y los resultados hablan por sí mismos. ¿Qué pasó ese día? La Gran Perturbación no era sólo para beneficio único de la iglesia joven. Fue el comienzo para conseguir el Evangelio del Reino; Jesús a menudo habló de ello, hasta los confines de la tierra.

Las redes de la Iglesia, las publicaciones y los libros cristianos, las conferencias y la reunión en el estadio juegan una parte, pero en su mayor parte, la plaza aún está ociosa después de que se han ido. Simplemente no hay sustituto para que cada creyente aparezca cada día en cada oportunidad de plaza, espiritualmente consciente de que su misión es ser un testigo. Los ministros quíntuples deben saber que su vocación primaria está preparando a sus ministros de plaza para esas oportunidades. El Gran final que toma a estos apóstoles del Primer Siglo fue el Gran Día en Tesalonicenses I 4:15-18:

"Y ahora, amados hermanos, queremos que sepan lo que sucederá con los creyentes que han muerto, para que no se entristezcan como los que no tienen esperanza. Pues, ya que creemos que Jesús murió y resucitó, también creemos que cuando Jesús vuelva, Dios traerá junto con él a los creyentes que hayan muerto.

Les decimos lo siguiente de parte del Señor: Nosotros, los que todavía estemos vivos cuando el Señor regrese, no nos encontraremos con él antes de los que ya hayan muerto. Pues el Señor mismo descenderá del cielo con un grito de mando, con voz de arcángel y con el llamado de trompeta de Dios.

Primero, los cristianos que hayan muerto se levantarán de sus tumbas. Luego, junto con ellos, nosotros los que aún sigamos vivos sobre la tierra, seremos arrebatados en las nubes para encontrarnos con el Señor en el aire. Entonces estaremos con el Señor para siempre. Así que anímense unos a otros con estas palabras". (NTV)

El Gran Día del Señor debería motivar a todos los cristianos a cumplir su destino en la plaza. Muchos cosechadores permanecen ociosos en la plaza debatiendo cuándo ocurrirá el Gran Día. Se malgastan millones de dólares tratando de precisar el día que Jesús regrese. ¿Por qué, cuando el mismo Jesús dijo que sólo el Padre sabe? No desperdiciemos nuestro tiempo discutiendo cuándo será el regreso de Jesús, dónde se encuentra el cielo o incluso quién va a hacer el corte final.

Nuestro trabajo no es condenar a los perdidos sino compartir la esperanza del Evangelio. Cada ministro de plaza debe ser un distribuidor de esperanza, no un juez o jurado. La Biblia dice que aquellos en la oscuridad saben que están perdidos. ¿Significa eso que endulzamos el mensaje? Rotundamente no. Dejemos que la esperanza contenida en el mensaje toque sus corazones.

La Biblia dice que el arrepentimiento viene del dolor piadoso, no de un mensaje aterrorizando al pecador. Jesús dijo: *"Deja que la maleza y el trigo crezcan juntos hasta el tiempo de la siega"*. Mateo 13:30. Estemos preparados. Deberíamos estar listos en cualquier momento, viviendo un estilo de vida de preparación. Seamos fieles con nuestro talento y habilidades, no sólo en el trabajo de la iglesia en el edificio, sino también con el trabajo del Reino en la plaza. Estar listo incluye ser sensible al Espíritu Santo en cualquier momento para las citas divinas en el campo de cosecha.

Recuerda que el objetivo es el campo de la cosecha, no la banca de la iglesia. La cosecha es donde los Cinco Grandes fueron pensados para trabajar. El Gran Mandamiento debe estar motivado por el amor, la Gran Misión Conjunta por la obediencia, la Gran Oportunidad por el discernimiento, la Gran Perturbación por la pasión por el poder del Espíritu Santo y el Gran Día del Señor por un espíritu de esperanza.

Las iglesias y ministerios tradicionalmente guiados por pastores (por dones, no títulos) se centran principalmente en quién ya está en el redil. Cuidar a los miembros existentes absorbe la mayor parte de su tiempo, energía y recursos. Pueden hablar algo o mucho sobre la necesidad de actividad en la plaza, pero poco cambia. La evangelización y la actividad en la plaza se han reducido a estimular a los santos a orar por sus vecinos e invitarlos a la Iglesia, si son realmente evangelistas. Sin embargo, poco de cualquier actividad se lleva a cabo de manera consistente.

Las iglesias y ministerios apostólicamente guiados, por otro lado se centran en la cosecha como su principal preocupación. Son conducidos por la misión y no por el programa. Eliminan cualquier programa que no sea sobre evangelización y discipulado. El desarrollo de liderazgo no es un programa o evento sino un modo de vida. Los equipos se construyen para discipular a los nuevos conversos y devolverlos a la plaza como guerreros espirituales maduros.

Los ministerios apostólicamente empoderados simplifican manteniendo la cosecha de la plaza en el centro de la diana. Envían a los quebrados y heridos espiritualmente a la enfermería para el tratamiento hasta que estén razonablemente saludables y enteros. Envían a los inmaduros emocionalmente a crecer a la guardería. Los comprometidos son enviados a los campos de entrenamiento hasta que sean competentes en sus dones y llamamientos y sean aptos como guerreros. Los guerreros se despliegan en la batalla por la plaza.

Muchos hablan del llamado de Mateo 28 pero olvidan el llamado de Mateo 10. Jesús convocó a Su equipo y les dio autoridad con instrucciones claras para su asignación de plaza. Lo que Él describe en Mateo 10 desde el versículo 5 en adelante, a mí no me suena como un paseo en el parque. La audacia en la plaza rara vez viene de seminarios y talleres, sino de armarios de oración llenos del poder y la presencia de Dios.

Los líderes apostólicos abrazan a los Cinco Grandes como su foco primario y enfatizan el sacerdocio de todos los creyentes. Reconociendo la corrección que Jesús requiere en Apocalipsis 2:6 y 2:15, no proporcionan ninguna distinción entre el clero y los laicos - sólo entre los ministros Efesios 4:1 y 4:11. Todo el mundo es un constructor del Reino independientemente de su ubicación y vocación.

Ellos resisten, desde hace mucho tiempo, a los modelos de liderazgo tradicional, un sistema eclesiástico que Dios nunca pretendió. Si bien este sistema asegura que el sacerdocio es para todos los creyentes, todavía funciona con una sombra litúrgica de la religión. Este sistema todavía cree que hay ministerios reservados para una clase elegida, que sólo ellos pueden manejar. Un estudio cuidadoso de Samuel I 2 muestra que Dios mató al "sistema" establecido en virtud de Aarón y sus hijos. Después de que Eli y sus hijos fueran una desgracia total, Dios dijo que ya no tendría nada que ver con parentesco y linaje sino sobre quien Él eligiera según la condición del corazón y fidelidad.

Creo que este es el motivo por el cual Dios puso a Juan el Bautista en el desierto, así que cuando él vino como precursor de Cristo, no se identificaría con el sistema religioso de su época. La tradición dictaría que él vino como un sacerdote porque su padre Zacarías era un sacerdote. Dios rompió con la tradición y envió a Juan como un profeta proclamando: "*El Reino de los cielos se ha acercado... Aparejad el camino del Señor...*" Mateo 3:2-3 (RVA). Él no fue al templo (nuestra iglesia moderna) con su mensaje, sino a la plaza donde estaban las multitudes.

Somos todos santos

He escuchado a los pastores y a los ministros quíntuples ser llamados "hombres santos". Gracias a Dios por los hombres santos que llenan los púlpitos alrededor del mundo. Dios sabe que hemos tenido nuestra dosis de los otros, pero ellos no deberían ser los únicos "hombres santos" en la casa. Lo que hace santa a una persona no es un sistema eclesiástico sino una relación con un Dios santo.

El acceso a un Dios santo no es el privilegio de unos pocos sino una oportunidad para todos. Jesús proporcionó acceso a un Dios santo a través de su sacrificio expiatorio en la cruz. Luego de Su muerte, fue arrancado el velo que separa el patio exterior del lugar santo. Ya no era la corte interna el dominio privado para unos pocos elegidos.

El propósito de los hombres santos en el púlpito no es que puedan informar un par de veces a la semana sobre su gran experiencia en el más Santo de los Santos sino demostrar la forma en todos los creyentes pueden ser hombres y mujeres de Dios. Incluso Moisés invitó a Joshua al Tabernáculo del Testimonio (presencia manifestada de Dios) en el desierto.

Cuando dejemos de llamar al pueblo "gente común" y les abramos los tesoreros del lugar santo y su derecho a través de Cristo a vivir allí, tal vez empiecen a ver su destino cumplido en la plaza.

El modelo de púlpito fue hecho famoso por grandes predicadores como Calvino, Lutero, Spurgeon, Wesley, Whitefield y otros. Ellos ganaron influencia en el mundo de la Iglesia por su capacidad de exégesis del texto y la verdad expuesta con gran autoridad. Gracias a Dios por grandes predicadores y maestros, pero la medida real de la predicación es: "¿Produce acción y resultados en la plaza?"

Actualmente, un modelo tradicional muy fuerte es el capellán privado para las congregaciones locales. Proporciona servicios de pastoreo para los miembros, y la gente necesita ser atendida. El don de pastor es una gran bendición para cualquier congregación, ¿pero debería este regalo proporcionar un liderazgo estratégico? Si el objetivo obligatorio de la iglesia es la cosecha de la plaza, en su forma actual, los dones pastorales y de enseñanza hacen poco por enfrentar ese desafío.

Un modelo reciente, en los últimos 40 años, es el de pastor ejecutivo. Esta persona tiene el título de "pastor" pero hace muy poco pastoreo. Su foco está en generar y administrar recursos. Dirigen al personal, equilibran el presupuesto, administran la oficina y supervisan los programas. Las habilidades gerenciales están primero y las preocupaciones de la plaza son apenas un pensamiento pasajero.

Los apóstoles son una raza diferente

Si la iglesia es mejor conducida por líderes dotados apostólicamente, ¿cómo son ellos? ¿Cómo los conecta Dios y qué liderazgo legítimo recibieron de Él? Presento cinco razones fundamentales:

<u>Primero</u>: son visionarios. Son apasionados por la visión que Dios les dio para el trabajo que llevan. No reclaman que es *su* visión sino proclaman: "Es nuestra visión". Constantemente proyectan, cultivan y crean entusiasmo por la visión. Reclutar, formar e inspirar a otros a unirse en la búsqueda de la visión siguen siendo altas prioridades.

<u>Segundo</u>, tienen la mente centrada en la misión. Para ellos, todo se trata de la expansión del Reino. Constantemente se recuerdan que el liderazgo a nivel estratégico se trata del cambio: NO sobre "más de lo mismo". Una mentalidad de mantenimiento es algo ajeno, y algo que nunca permitirían. Ellos entienden, que quedarse quieto, es realmente retroceder.

Hacemos todo lo que podemos imaginar para llenar la casa el domingo pero perdemos terreno cada día en la plaza. Si dudas de mi premisa, mira alrededor de tu comunidad local de negocios, gobiernos e instituciones educativas. Ya no son más los abanderados de los valores cristianos. En la mayoría de las ciudades de Estados Unidos y en los países del mundo, son las voces más fuertes de la oposición y están determinadas a eliminar a Cristo a cualquier costo y al modo de vida cristiano de la plaza.

<u>Tercero</u>: desarrollar a la gente siempre está primero que los programas. Facultar a las personas y compartir el "ministerio" los motiva fuertemente. Con ellos, las asignaciones de verdadero liderazgo siempre van en aumento para los miembros de su equipo. Hacer avanzar a las personas hacia arriba o hacia afuera del camino es una forma de vida, no un estilo de liderazgo. Ellos se mantienen a sí mismos y a sus equipos en una curva de aprendizaje constante. Para continuar con ellos, debes hacer lo mismo.

<u>Cuarto</u>: funcionan como mentor y como entrenador de todos los que los rodean. No es lo que hacen sino para qué los hizo Dios. Los mentores incorporan cosas y los entrenadores las

quitan. Los mentores enseñan, imparten sabiduría y un espíritu guerrero. Los entrenadores entrenan para funcionar competentemente y entrenan desde las bandas durante el juego. Los grandes líderes apostólicos siempre tienen un entrenador vigilante permanente codo a codo con ellos para examinar lo que ellos no pueden ver en ese momento.

Quinto: construyen equipos a partir de los individuos que desarrollan; así es cómo realmente muestran su habilidad de liderazgo apostólico. Sigue siendo su prioridad – no una opción o preocupación secundaria. Los grandes líderes entienden la diferencia entre energía y sinergia. Un grupo que trabaja en el mismo proyecto con gran energía no es lo mismo que un equipo tirando juntos hacia un destino o meta claramente definida. Equipos y trabajo en equipo no se originaron con el hombre, sino en Dios.

En Génesis 1:26 – "*Y dijo Dios: Hagamos al hombre a nuestra imagen; y señoree...*" El primer equipo fue la divinidad eterna que creó al hombre para dominar su entorno, incluyendo la plaza. Si vas a dominar, debes hacerlo como equipo. Los líderes apostólicos se apasionan sobre los equipos y trabajos de equipo. Las iglesias, organizaciones y empresas deberían prohibir los comités y formar equipos.

El diccionario de la Real Academia define comité como "conjunto de personas encargadas de entender en algún asunto específico". No habla sobre acción, contabilidad o resultados. Los verdaderos líderes apostólicos hallan muy difícil trabajar con cualquier grupo que se ajuste a esa descripción.

Si queremos actividad en la plaza, tenemos que considerar nuestras metas cuando disciplinamos a nuevos creyentes. ¿Estamos satisfechos con buenos miembros de la iglesia o queremos activistas de plaza? Más aún, queremos conocer y satisfacer la demanda normal de las escrituras.

No necesitamos ir más allá del ejemplo dado por Jesús. Él fue un pequeño empresario durante toda Su vida adulta. ¿Cómo hizo para reclutar Su primer equipo mundial evangélico? ¿Cómo los entrenó? ¿Cuáles eran Sus expectativas cuando Él los soltó y volvió a Su padre?

Primero, Él nunca dijo que la gente debía salir del mundo para una vida de exclusión o reclusión. Siempre estuvo la intención de que regresarían al mundo del que vinieron. La diferencia importante es que regresaban totalmente cambiados de la manera en que Él los había encontrado. Deberíamos estar en la plaza pero no permitir que la plaza esté en nosotros. La plaza nunca se cambiará por un grupo de ministros de clausura predicando en ella o sobre sus fracasos. Cambiará por enseñanza, formación y entrenamiento de ministros del evangelio apasionados y a tiempo completo llamados como embajadores en la plaza.

La escuela del ministerio de Jesús no implicó firmar un compromiso, pasar revista por un comité de coordinación y luego una vida separada como clérigo. Él simplemente dijo: "Venid a Mí". Sé que la iglesia, después de Pentecostés, estableció unas normas y formas de reconocer el llamado de Dios en la vida de una persona, pero el proceso se ha vuelto tan sobrecargado con derechos y rituales que la actividad de plaza por parte de la iglesia se ha detenido.

Jesús enseñó a Su equipo cómo equilibrar la Palabra con relevancia cultural y producir resultados por la dinámica del Espíritu Santo, dondequiera que Él los enviara. Cuando asistes a un servicio de la iglesia o vives la vida en la plaza, ¿hay alguna evidencia que has estado allí? Si no la hay, ¿realmente importa cuántas credenciales tienes o de qué tipo son?

Se Trata de "Esa Gente" Que Está Allí.

Jesús buscaba constantemente la manera de conectarse con los pecadores. Él no mantenía Su equipo empantanado en las actividades del templo para que no tuvieran tiempo ni energía para construir relaciones con los no creyentes. La mayoría de los líderes de la Iglesia no confían en que sus discípulos estén cerca de los "pecadores" por mucho tiempo. La mayoría de los discípulos son tan débiles que no confían en ellos mismos alrededor de los no creyentes.

La mayoría de las Iglesias y organizaciones harían bien en dar una mirada honesta a su programa y ver cuánto apoya la misión asignada en Mateo 28. Dios trabaja en el mundo, no sólo en la Iglesia. Necesitamos descubrir dónde Está trabajando y cómo Está operando en la plaza y hacer que nuestro negocio sea unirnos a Él en Su esfuerzo. Los líderes apostólicos constantemente enseñan y refuerzan una mentalidad de "Reino". Es llamado el Evangelio del Reino— no el Evangelio de la Institución conocida como la Iglesia. Las huellas del liderazgo apostólico/estratégico se encuentran en todas partes donde florece una actividad de plaza. Aquí hay algunos de los resultados que se ven:

Uno, oportunidades de ministerio verdadero basadas en dones y no en títulos, enfatizadas para todos y no reservadas para unos pocos elegidos. Es tiempo que evitemos que los cristianos que entran, caen y resbalan en la iglesia todos los domingos, pongan el listón para el compromiso de la plaza. Es tiempo de que la Iglesia active a los Guerreros del Camino, (aquellos retirados en servicio activo).

Los líderes apostólicos *lo hacen* mientras que los líderes pastorales oran y aconsejan, los maestros encuentran un texto, los profetas señalan las correcciones necesarias y los evangelistas hacen que la gente se sienta culpable por no hacerlo. No todos trabajan de esta manera pero la mayoría sí lo hace. Si este no fuera el caso, la plaza estaría viva con actividad sobrenatural.

Dos, el liderazgo se basará en equipos, eliminando roles de solista. El ministerio significativo se devolverá a la gente en las bancas y no para ser el dominio guardado de líderes Efesios 4:11.

Tres, las puntuaciones del ministerio se tratan más sobre la efectividad de los ministros de Efesios 4:1 en la plaza que sobre el crecimiento de la iglesia (tamaño de los edificios, presupuestos y asistencia). Los ministros quíntuples Efesios 4:11, hablan más sobre el desempeño de sus ministros de plaza y menos sobre su funcionamiento de plataforma.

Los ministros Efesios 4:11 tienen una nueva apreciación por su llamado a formar y equipar a sus ministros Efesios 4:1 de plaza y distribuirlas a sus ministerios y no a sus trabajos seculares. Les enseñan cómo conservar los resultados a través de su liderazgo apostólico.

Cuarto, la orden para "discipular a todas las Naciones" en Mateo 28 se convierte en una realidad y no en un eslogan de la Conferencia de misiones o un título del mensaje.

Estás Aquí

Antes de realizar cambios significativos, sé totalmente honesto sobre tu realidad actual. Toma un tiempo con tu equipo de liderazgo y define la realidad actual de todo el mundo. Escríbelo. He dicho durante años que la información exacta, adecuada y compartida junto con una comunicación abierta y honesta es la única manera de tomar decisiones informadas.

¿Qué domina la agenda del calendario del ministerio de tu Iglesia y los recursos: las bancas o la plaza? ¿Cuántos de sus miembros son energizados honestamente por las oportunidades de plaza? ¿Cuál es tu principal objetivo: que los mejores miembros de la iglesia llenen la casa o formar apasionados misioneros para invadir la plaza? ¿Puede tu equipo de liderazgo principal defender y compartir cómodamente su fe? ¿Tienen esa expectativa y podrían rendir cuentas al respecto?

La Pregunta Puede Aturdirte

Los líderes apostólicos, el único tipo de líderes que deberían guiar cualquier Iglesia, organización o esfuerzo de plaza, se hacen permanentemente estas preguntas esclarecedoras. Si no haces estas preguntas de manera constante, puedo casi garantizar una ociosidad en **tu** plaza.

2
Poseer las Puertas en la Plaza

Bob Dylan escribió una canción en 1979 titulada "¿Cuándo Vas A Despertar?" En la misma, una línea dice: «Tenemos gánsteres en el poder y delincuentes haciendo las reglas». Algunos probablemente sientan que estas palabras son muy fuertes y posiblemente desbordadas pero creo que describen a muchos de los actuales líderes mundiales con precisión. Muchos líderes en EE.UU. encajarían en esa descripción dada su conducta pública y privada. Dos de los tres últimos gobernadores de Illinois están cumpliendo condenas prolongadas en prisiones federales. Comparten tiempo con jueces, representantes del Congreso y otros funcionarios del gobierno con sede en Illinois de alto perfil.

El liderazgo mundial está enfermo de sida moral (no hay carácter para resistir el pecado) y de rebelión creciente contra todo lo justo y correcto. No existe inmunidad al pecado. Los líderes son decadentes y mueren por dentro. Se esconden detrás de *hacer lo correcto para el pueblo* mientras hacen decisiones basadas únicamente en dividendos políticos y personales.

Gran parte de la Iglesia, especialmente en Occidente, se ha desplazado a un mensaje del Evangelio socialmente aceptable y políticamente correcto que apunta a sensibilizar al buscador. Muchos de los que han rechazado el mensaje "políticamente correcto" y han desarrollado una mente fatalista creen que el mal vino aquí para quedarse. El resultado es que centran su atención en el dulce por un rato mientras esperan el "gran escape por el éxtasis".

En vez de invadir y afectar a la cultura con un mensaje relevante y eficaz, miran hacia otro lado con la esperanza de que todo pronto desaparezca o de que Jesús corra a nuestro rescate arrancándonos de las garras amenazantes de Satanás. La Biblia tiene mucho que decir acerca de la misión por la cual la Iglesia es responsable, no debemos obedecer simple y ciegamente para llevarnos bien, estamos para poseer las puertas de nuestro enemigo.

"Cuando Rebeca partía le dieron la siguiente bendición: "Hermana nuestra, ¡que llegues a ser la madre de muchos millones! Que tus descendientes sean fuertes y conquisten las ciudades ("puertas" en RVA) de sus enemigos".
Génesis 24:60 (NTV)

"Y si vosotros sois de Cristo, ciertamente la simiente de Abraham sois, y conforme a la promesa los herederos".
Gálatas 3:29 (RVA)

Sin importar tu escatología, cada generación tiene un mandato bíblico para enfrentar al mal durante su tiempo en la plaza donde está pasando la vida.

No nos atrevemos a limitar nuestro mensaje e influencia para las bancas de la iglesia sino que debemos esforzarnos por llevarlo al centro de la ciudad, al gobierno y a todas las aulas de enseñanza superior. El apóstol Pablo, que pasó la mayor parte de su ministerio público en la plaza, dijo: "No me avergüenza el Evangelio de Jesucristo, porque es el poder de Dios para la salvación." Incluso Juan el Amado dijo en Juan 1:12 "Mas a todos los que le recibieron, dióles potestad de ser hechos hijos de Dios, a los que creen en su nombre».

Este evangelio no sólo tiene el poder para limpiar a los perdidos de sus pecados y facultar a la gente a vivir victoriosamente sino que también tiene el poder que poseen los lugares de autoridad e influencia pública. Históricamente, parece que el pueblo de Dios ha entregado su lugar legítimo de autoridad e influencia.

«Jamás creyeron los reyes de la tierra, ni los habitantes del mundo, que nuestros enemigos lograrían pasar por las puertas de Jerusalén». ¡Pero fue por los pecados de sus profetas! ¡Fue por las maldades de sus sacerdotes,

que en sus calles derramaron sangre inocente!».
Lamentaciones 4:12-13 (RVC)

La única manera que el mal puede ganar es cuando el pueblo de Dios entrega la tierra que por derecho le pertenece al Reino de Dios. La Biblia dice: «*La tierra es del Señor y todo lo que hay en ella*" Salmo 24:1. En Génesis 24:60 y Gálatas 3:29 dice el pueblo de Dios poseería las puertas (influencia) de nuestro enemigo y la simiente de Dios bendeciría a todas las Naciones. Actualmente la iglesia está perdiendo la batalla por las puertas de influencia, lo que nos lleva a la pregunta: ¿somos capaces de revertir esta tendencia?

El Poder de los Tzadikim

En Proverbios 11:10 se lee: "En el bien de los justos *(tzadikim)* la ciudad se alegra». La justicia engrandece una nación. La palabra hebrea *tzadik* y su plural *tzadikim* son usadas colectivamente 250 veces en el Antiguo Testamento. Aparecen 50 veces en los Salmos y 66 veces en los Proverbios. El Señor está haciendo hincapié en que podemos ser justos y que Él agrega valores y lo recompensa grandemente.

Estas palabras significan mucho más que alguna idea abstracta de justicia o virtud. Representan más que una santidad personal o estar bien delante de Dios. El peso real que lleva la raíz de la palabra es la idea de cómo vivimos nuestras vidas en la plaza, especialmente ante los no creyentes. ¿Cómo tomamos esas decisiones cotidianas que revelan quiénes somos realmente cuando estamos bajo presión y nuestras decisiones tienen consecuencias importantes?

Cuando nuestra familia tenía una concesionaria de grandes vehículos recreativos, constantemente tenía el reto de tomar decisiones que eran buenas para los negocios y al mismo tiempo reflejaban la justicia de Dios a quien decíamos servir. Después de despedir por robo a nuestro gerente de partes, recibí la notificación de una demanda por despido improcedente de la EEOC (Comisión de Oportunidades Económicas Iguales). Mis opciones eran ir directamente a la Corte Federal y tratar de ganar el caso o presentarme ante un mediador para resolver el tema. Nuestro abogado dijo que la preparación del caso costaría entre $50-60.000, entonces elegimos la mediación.

Mi abogado y yo nos encontramos con nuestro ex gerente de partes y su abogado ante un mediador durante seis horas aproximadamente dos semanas antes de Navidad. Finalmente resolvimos con una cantidad mucho menor de lo que fue pedido originalmente. Después de que fue todo dicho y hecho, el mediador me miró y dijo: "Sr. Robinson, Dios no tiene cabida en su negocio." Respondí: "No puedo tenerlo afuera". Algo sorprendido, el árbitro respondió: "¿Por qué no?" Rápidamente le dije: "Porque todas las mañanas me lleno tanto de Su presencia que durante el día Él simplemente se fuga."

Con eso, el mediador salió apresuradamente de la habitación y me quedé solo con mi ex gerente de partes por primera vez ese día. Mi abogada estaba caminando hacia la puerta cuando escuchó mis observaciones finales a nuestro ex gerente de partes. Le dije que sentía cómo habían resultado las cosas y que quería que él y su familia tuviesen una buena Navidad. Luego le pedí que encontrara un momento para pasar por el concesionario y recogiera el bono de Navidad que le aguardaba.

En el ascensor, vi a mi abogada quien me dijo: "Nunca podría haber dicho lo que le dijiste a ese joven." Respondí: "Sin Cristo en mi corazón y mi negocio yo tampoco podría haberlo hecho." Todos los días, tengo que hacer una revisión con "mi Jefe" y dar cuenta de mis pensamientos, palabras y hechos. No quiero tener que arrepentirme por nada. Si no puedo vivirlo (*tzadik*), no debería predicarlo. Cuando estoy en mi púlpito los domingos, necesito compartir con la congregación con la ayuda de Dios, podemos tomar decisiones que no podríamos hacer sin Él. Podemos realmente ser los *tzadikim* en cada situación." El ganador ese día ante el mediador no fui yo, sino Dios. Él fue glorificado y el Reino avanzó con fuerza sobre un terreno previamente robado.

Las puertas de las ciudades en el Antiguo Testamento eran lugares de decisión e influencia. Era el lugar donde se discutían los asuntos de misericordia, juicio y justicia para el pueblo de Israel y los ancianos tomaban decisiones. Las puertas eran como el lugar céntrico de hoy día. Los ancianos eran ciudadanos respetables y conocidos por vivir vidas dignas de esa posición y responsabilidad. En Proverbios 24:7 leemos que los necios no tienen lugar ni derecho a ocupar un puesto en la puerta. Además, Amos 5:10 también observa que los injustos "aborrecieron en la puerta al defensor". Cada día que pasa, los *tzadikim* (justos) son menos bienvenidos en las puertas (lugares de influencia) en EE.UU. y en Occidente.

Hubo un tiempo en que la ética judeo-cristiana y la moralidad gobernaban los Estados Unidos, pero ya no lo hacen. Las palabras proféticas de Isaías se han vuelto realidad. "Nuestros tribunales se oponen a los justos y no se encuentra justicia por ninguna parte. La verdad tropieza por las calles y la honradez ha sido declarada ilegal." Isaías 59:14 (NTV) Durante los últimos 75 años, ha estado perdiendo terreno y a menos que los *tzadikim* hagan algo rápidamente, el humanismo, la nueva religión de estado de EE.UU., pretende borrarla al final de la generación de los nacidos en la posguerra.

La Ecclesia

Cuando los escritores del Nuevo Testamento estaban buscando una palabra griega para describir la Iglesia del Primer Siglo eligieron la palabra *ecclesia*. Otras palabras estaban disponibles que significan asamblea o reunión, pero el Espíritu Santo eligió *ecclesia*. Esta fue la palabra en la Septuaginta, la palabra traducida al griego del Antiguo Testamento, significa "Asamblea en la puerta pública." La reunión de los *tzadikim* en el Antiguo Testamento es ahora la reunión de la *ecclesia,* la Iglesia en el Nuevo Testamento — son sinónimos. La Iglesia debería no sólo reunirse los domingos en su Casa, sino en la plaza el resto de la semana — en la puerta *pública.*

Los liberales, humanistas, de la Nueva Era y los ateos están en una guerra sin cuartel para poner la influencia de la iglesia detrás de las paredes de los edificios de la iglesia con la meta final de pisotear su salida en conjunto. Donde una vez las iglesias dominaron las plazas y sus campanarios llenaron los horizontes de las grandes ciudades, los derechos religiosos están siendo atacados desde todas direcciones.

En los EE.UU. del comienzo, fueron la Iglesia y sus líderes los que llevaron a cabo el sacudimiento y la principal influencia en la plaza, el gobierno y la educación. Para probarlo, tienes que mirar los libros de texto de hace 100 años. Es por ello que el citado grupo ha puesto millones de dólares para reescribir la historia de EE.UU. Sólo hace dos generaciones, el país buscaba a los líderes de la iglesia para resolver asuntos del bien común. Su sabiduría era buscada y altamente estimada. Ahora es apenas tolerada y continuamente desdeñada por las masas.

La misión de la Iglesia va más allá de tener mejores miembros y servicios para proporcionar a la comunidad actos de benevolencia. Ésos son esfuerzos dignos pero no deben ser la extensión de su mandato y su influencia. Son subproductos de la verdadera misión de la Iglesia. Su mandato bíblico en Mateo 28 es entrar en el mundo entero, incluso la plaza, el gobierno y la educación, predicar el Evangelio del Reino, hacer discípulos en la iglesia local y enviarlos a enfrentar al enemigo en la arena pública. La batalla por el alma de los EE.UU., la iglesia occidental y el mundo en general, no se pelea en la casa de la iglesia sino en la plaza. Si la Iglesia deja de llevar la lucha a la plaza, ella ciertamente perderá. Primero, perderá su influencia y por último perderá su derecho a existir como una institución reconocida de influencia pública.

I. ¿Cuáles son las puertas y los lugares de influencia que el pueblo de Dios debe poseer?

Las tres entidades que controlan cada comunidad, ciudad, estado y país son empresas, gobierno y educación que son parte de la plaza. La Iglesia debe versar sobre el "negocio" del Padre en los tres ámbitos. ¿Cuál es el negocio del Padre en los mismos? Influir en el liderazgo en los tres ámbitos; si no, el mal ocupará su lugar. La Iglesia no puede darse el lujo de estar ociosa, en la hora undécima.

Primera puerta que la Iglesia debería influir son las empresas. Las empresas en la plaza crean la economía, que paga todo lo demás en los tres ámbitos. Extender el Reino, disciplinar a las naciones y difundir el Evangelio requiere enormes cantidades de recursos hoy en día, como lo hace cualquier empresa grande.

Cada dólar que la Iglesia invierte en este esfuerzo proviene de la plaza. Alguien dotado para obtener riquezas (Deuteronomio 8:18) produjo algo de valor para ganar esa riqueza. El gobierno no produce riqueza y nunca lo hará — sólo se esfuerza para controlarla. La educación no produce riqueza y tampoco la Iglesia — nos enseñan qué hacer con ella. Son simplemente consumidores de la riqueza creada por las empresas.

Dios, no los mercados de valores mundiales, determina el futuro financiero de la Iglesia ya que Su gente vive sus vidas en obediencia a lo que Él pide que hagan.

"Eliseo le respondió: — ¡Escucha el mensaje del Señor! Esto dice el SEÑOR: Mañana, a esta hora, en los mercados de Samaria, tres kilos de harina selecta costarán apenas una pieza de plata y seis kilos de grano de cebada costarán apenas una pieza de plata". Reyes II 7:1 (NTV)

"Cuando el Hijo del Hombre regrese, será como en los días de Noé. En esos días, antes del diluvio, la gente disfrutaba de banquetes, fiestas y casamientos, hasta el momento en que Noé entró en su barco.

La gente no se daba cuenta de lo que iba a suceder hasta que llegó el diluvio y arrasó con todos. Así será cuando venga el Hijo del Hombre».

Mateo 24:37-39 (NTV)

La economía será a veces una montaña rusa. Los centros económicos continuarán cambiando en todo el mundo, basados en muchos factores diferentes, pero Dios prometió en Génesis 8:22: *"Mientras la tierra permanezca, habrá cultivos y cosechas».* Si la Iglesia mirara las nubes de preocupación, ella dejará de sembrar y recoger la cosecha. Estará ociosa en la plaza a la hora que necesita estar más activa.

Gobierno es el segundo ámbito que la Iglesia necesita influir. Esta "puerta de influencia" aprueba las leyes y normas que controlan la sociedad de cada nación.

"Nombra jueces y funcionarios de cada una de las tribus en todas las ciudades que el SEÑOR te da. Ellos tendrán que juzgar al pueblo con justicia. Por ninguna razón tuerzas la justicia ni muestres parcialidad. Nunca aceptar un soborno, porque el soborno ciega los ojos de los sabios y corromper a las decisiones de los piadosos. Que siempre triunfe la justicia verdadera, para que puedas vivir y poseer la tierra que el SEÑOR tu DIOS te da." Deuteronomio 16:18-20 (NTV)

Si el gobierno desafía lo mejor de los escogidos de Dios, ¿qué decir de los paganos que tratan de gobernar sin la sabiduría y la influencia del Espíritu Santo? Los jueces, que tienen influencia y autoridad judicial son responsables por un juicio justo. Los funcionarios, con influencia política deben ser responsables de la justicia. Ambos llevan deberes solemnes. Deben juzgar justamente, nunca aceptar sobornos y nunca torcer la justicia o mostrar parcialidad. Lamento decirlo, pero pocos funcionarios públicos que sirven hoy en día podrían pasar esa prueba de fuego.

"La Providencia ha dado a nuestro pueblo la elección de sus gobernantes, y es el deber, así como el privilegio y el interés de nuestra nación cristiana seleccionar y elegir cristianos para sus gobernantes" — John Jay, Presidente de la Corte Suprema de los EE.UU.

Los criterios bíblicos para los líderes políticos deben ser los mismos que los líderes de la Iglesia definieron en las epístolas pastorales de Pablo, Timoteo I y II y Tito. «... escoge de entre el pueblo algunos hombres respetables y temerosos de Dios, confiables y nada ambiciosos, y ponlos al frente de grupos de mil, cien, cincuenta y diez personas». Éxodo 18:21 (RVC). Israel era una república con un gobierno representativo. Algunos argumentarán que Israel era una teocracia, pero eligió un rey terrenal como líder. En su organización humana, el criterio de Israel para seleccionar líderes sigue siendo el mejor para cualquier nación, incluso hoy en día.

«Los hombres de principios flojos o criterios defectuosos del tema alegan que la religión y la moralidad no son calificaciones necesarias o importantes para puestos políticos. Sin embargo, las Escrituras enseñan una doctrina diferente. Ellas ordenan que los gobernantes deberían ser hombres que gobiernan en el temor de Dios, capaces de enseñar a los hombres cómo temer a Dios, hombres de la verdad, que odian la avaricia.

Sin embargo, si no tuviéramos ninguna instrucción divina sobre el tema, nuestro propio interés demandaría de nosotros una estricta observancia de los principios de estas instrucciones. Y es el abandono de esta regla de conducta en nuestros ciudadanos que debemos atribuir a múltiples fraudes, malversaciones de fondos de propiedad pública que nos asombran; que avergüenzan a un gobierno republicano, y que tienden a reconciliar a los hombres con los monarcas en otros países e incluso en el nuestro." — Noah Webster, autor del Diccionario Inglés

Estados Unidos está enfermo de sida moral y decadencia ética en cada nivel. La avaricia, el aborto, la homosexualidad y la pornografía nos comen internamente mientras que humanismo de la Nueva Era, el islamismo, el comunismo y el socialismo explotan nuestras debilidades externamente.

Nuestras debilidades energizan a nuestros enemigos mientras que muchos de nuestros propios líderes se enriquecen a expensas de todo el mundo, especialmente de los pobres: lamentablemente, esto no es nuevo. Muchas celebridades de alto perfil se han enriquecido sobre las espaldas de aquellos a quienes dicen defender. Atacan el capitalismo y presionan por la igualdad mediante una versión distorsionada del socialismo.

El sistema financiero que atacan es el mismo sistema que los enriqueció. El capitalismo no es el problema. El capitalismo, *sin* moral para guiarlo, ha causado la mayoría de los retos financieros en EUA y el resto del mundo, al igual que los varones *sin* moralidad han creado una generación huérfana. La raíz del problema es tan antigua como la escritura misma, "...el amor al dinero es la raíz de todos los males" Timoteo I 6:10.

Los líderes mundiales continúan su búsqueda de soluciones políticas que nunca resolverán nuestra decadencia moral y ética y destrucción final.

"Estados Unidos es grandioso porque es bueno y si Estados Unidos deja de ser bueno, dejará de ser grandioso." — *deTocqueville, pensador francés*

Creo firmemente que Dios ha llamado a un cristiano bíblico a llenar todas las oficinas públicas y políticas de la tierra. ¿No podemos encontrar 435 representantes del Congreso, 100 senadores, 9 magistrados de la Suprema Corte y 1 Presidente en una nación de más de 311 millones de habitantes? Si no, ¿por qué Él dijo ir al mundo entero? ¿No es el gobierno parte del mundo? Si los verdaderos creyentes de Dios (el Dios de Israel) se ponen de acuerdo, podríamos elegir a 545 personas para servir a nuestra nación en el temor de Dios. ¿Cuáles son las consecuencias si no lo hacemos?

"El que justifica al impío, y el que condena al justo, Ambos son igualmente abominación a Jehová." Proverbios 17:15 (RVA)

La tercera "Puerta de influencia" nos llama a poseer la esfera de la educación, especialmente a nivel universitario. El sector educativo determina los valores y filosofías de cada generación siguiente. Los valores son el suelo que nutre a las semillas de nuestra visión. Los valores son principios no comprometedores referidos como los *"viejos hitos"* en Proverbios 22:28. Deberíamos tener al menos tres conjuntos de valores:

- Valores Bíblicos – basados en la visión de Dios para el Reino y la Iglesia.
- Valores Familiares – basados en el deseo de Dios para los padres, madres y niños.
- Valores personales – basados en tu destino dado por Dios.

Si vamos a afirmar la Fe en nuestras universidades y colegios, debemos volver a sus principios y valores fundacionales. La misión fundacional de la Universidad de Harvard fue "La Verdad para Cristo y la Iglesia". Esta declaración, incrustada en el escudo de Harvard y en muchos edificios alrededor del campus, da prueba de su propósito original. La misión original de Harvard fue entrenar líderes cristianos. El fundador John Harvard estableció la Universidad de Harvard para capacitar a ministros cristianos para predicar el Evangelio. No simplemente ministros de púlpito sino también los ministros llamados a la plaza. Sin embargo, su propósito original cambió con el tiempo. Hoy es uno de los principales centros de la ideología humanista y liberalismo. En lugar de ser un activo para el Reino, es uno de sus mayores amenazas.

¿Cómo sucedió esta trágica pérdida? Con cada nueva generación, el liderazgo estratégico fue perdiendo su dirección e influencia. Los "gerentes" encontraron una manera de ganar control y se perdió el liderazgo estratégico. En vez de producir grandes líderes con valores cristianos, con pocas excepciones, Harvard es ahora uno de los mayores proveedores de líderes de plaza *sin* una brújula moral bíblica.

¡Qué triste es cuando los gerentes de la nueva religión estatal de los EE.UU., el humanismo, ahora controlan la mayor parte de las principales instituciones educativas en EE.UU., que originalmente fueron fundadas sobre la base de los principios judeo-cristianos! La única manera en que puedes decir que no fueron fundados con una misión cristiana es reescribir la historia estadounidense, lo cual han hecho con fervor.

Estamos en extrema necesidad de líderes llenos del espíritu con sólidas credenciales intelectuales, pasión para afirmar la fe y el deseo de luchar en nombre de las instituciones educativas en EE.UU. Los ministros dotados, entrenados, equipados y afirmados Efesios 4:1 son la única esperanza de un retorno a la filosofía educativa que hizo grande a EE.UU. La filosofía es un sistema de principios que incluye el conocimiento y la sabiduría que determinan las cosmovisiones individuales y corporativas. Se necesitaron varias generaciones arruinar la filosofía cristiana que prevaleció en EE.UU. hasta la década de 1960, pero estoy firmemente convencido de que una generación de ministros de plaza Efesios 4:1 pueden volver a ganar si fueran afirmados y apoyados por ministros Efesios 4:11.

Los ministros quíntuples de Efesios 4:11, debe creer en sus ministros de plaza Efesios 4:1, deberían ser sus mayores animadores. Debemos orar, pero debemos hacer más que orar. Debemos reconocer y apoyar públicamente a los llamados a ser ministros Efesios 4:1 en un entorno de plaza muy difícil. Al igual que apoyamos a nuestros jóvenes en el llamado quíntuple, no debemos hacer menos por nuestros jóvenes llamados a los ámbitos de la plaza, el gobierno y la educación.

II. ¿Por qué no estamos ganando esta batalla para estas puertas?

La Iglesia no está ganando debido a que los ministros corruptos e impostores que no son del Señor y un gobierno humanístico fuera de control han estado juntos en la cama en los últimos 70 años excepto por unos breves períodos. El tobogán en el que estamos hoy comenzó en la década de 1930 esbozada en el *Manifiesto Humanista I*, escrito durante ese tiempo y ahora la actual religión de estado de EUA.

Lea lo siguiente tomado directamente del sitio web American Humanist de febrero 2012: (http://www.americanhumanist.org)

"La importancia del documento es que más de treinta hombres han llegado a un acuerdo general sobre asuntos de interés final y que estos hombres sin duda son representantes de un gran número que están forjando una nueva filosofía de los materiales de este mundo". --- Raymond B. Bragg (1933), Secretario, Conferencia Occidental Unitaria

"Ha llegado el momento del reconocimiento generalizado de los cambios radicales en las creencias religiosas en el mundo moderno. Ha pasado el tiempo para la mera revisión de actitudes tradicionales. La ciencia y los cambios económicos han interrumpido las antiguas creencias. Las religiones en el mundo necesitan llegar a un acuerdo con las nuevas condiciones creadas por un gran incremento de conocimiento y experiencia.

En todos los campos de la actividad humana, el movimiento vital está ahora en la dirección de un humanismo cándido y explícito. A fin de que el humanismo religioso pueda ser entendido mejor, los abajo firmantes, deseamos hacer determinadas afirmaciones, que creemos que los hechos y nuestra vida contemporánea demuestran.

Hay gran peligro de una identificación final y hasta fatal de la religión del mundo con las doctrinas y métodos que han perdido su significado y que son impotentes para resolver el problema de la vida humana en el siglo XX. Las religiones han sido siempre los medios para la realización de los valores más altos de la vida. Su fin se ha logrado a través de la interpretación de la situación total (teología o vista mundial), el sentido de los valores resultantes allí (meta o ideal) y la técnica (culto), establecido para la realización de la vida satisfactoria.

Un cambio en cualquiera de estos factores produce la alteración de las formas externas de la religión. Este hecho explica la variabilidad de las religiones a través de los siglos. Sin embargo, a través de todos los cambios, la religión misma permanece constante en su búsqueda constante de valores, una característica inseparable de la vida humana.

Hoy, el entendimiento más grande del hombre del universo, sus logros científicos y una comprensión más profunda de la sociedad, ha creado una situación que requiere una nueva declaración de los medios y fines de la religión. Tal religión vital, intrépida y franca, capaz de proveer objetivos sociales adecuados y satisfacciones personales puede aparecer a muchas personas como una ruptura completa con el pasado. Mientras que esta era tiene una deuda inmensa con las religiones tradicionales, es sin embargo obvio que cualquier religión que pueda aspirar a ser una síntesis y fuerza dinámica, hoy debe modelarse para satisfacer las necesidades de esta era. Para establecer tal religión existe una necesidad importante del presente. Es una responsabilidad que recae sobre esta generación. Por lo tanto afirmamos lo siguiente:

<u>Primero</u>: Los humanistas religiosos consideran al universo como auto-existente y no creado.

<u>Segundo</u>: El humanismo cree que el hombre es parte de la naturaleza y que ha surgido a causa de un proceso continuo.

<u>Tercero</u>: Los humanistas, con una visión orgánica de la vida, creen que debe desestimarse el tradicional dualismo de cuerpo y mente.

<u>Cuarto</u>: El humanismo reconoce que la cultura y civilización del hombre, tan claramente descrita por la antropología y la historia, es el producto de un desarrollo gradual debido a su interacción con su entorno natural y con su patrimonio social. El individuo nacido en una cultura en particular es en gran parte moldeado por esa cultura.

<u>Quinto</u>: El humanismo afirma que la naturaleza del universo representado por la ciencia moderna hace inaceptable cualquier garantía sobrenatural o cósmica de los valores humanos. Obviamente, el humanismo no niega la posibilidad de realidades aún por descubrir, pero no insiste en que la forma de determinar la existencia y el valor de cualquier y todas las realidades es por indagación inteligente y por evaluación de sus relaciones con las necesidades humanas. La religión debe formular sus esperanzas y planes a la luz del espíritu y método científicos.

Sexto: Estamos convencidos de que el tiempo ha pasado para el teísmo, deísmo, modernismo y las diversas variedades del "nuevo pensamiento".

Séptimo: La religión consiste en esas acciones, propósitos y experiencias, que son humanamente significativas. Nada humano es ajeno a lo religioso. Incluye mano de obra, arte, ciencia, filosofía, amor, amistad, recreación – todo está en su grado expresivo de satisfacer inteligentemente la vida humana. Ya no puede mantenerse más la distinción entre lo sagrado y lo secular.

Octavo: El humanismo religioso considera que la realización completa de la personalidad humana será el fin de la vida del hombre y busca su desarrollo y cumplimiento en el aquí y ahora. Esta es la pasión social del humanista.

Noveno: En lugar de las viejas actitudes involucradas en la adoración y oración, el humanista encuentra sus emociones expresadas en un mayor sentido de la vida personal y en un esfuerzo cooperativo para promover el bienestar social.

Décimo: Se desprende que no habrá ninguna emoción exclusivamente religiosa y actitudes del tipo hasta ahora asociado a la creencia en lo sobrenatural.

Undécimo: El hombre aprenderá a enfrentar la crisis de la vida en términos de su conocimiento de su naturalidad y probabilidad. Las actitudes razonables y varoniles serán fomentadas por la educación y apoyadas por la costumbre. Suponemos que el humanismo tomará el camino de la higiene social y mental y desalentará las ilusiones y esperanzas sentimentales e irreales.

Duodécimo: En la creencia de que la religión debe trabajar cada vez más para la alegría en la vida, los humanistas religiosos apuntan a fomentar la creatividad en el hombre y alentar los logros que se suman a las satisfacciones de la vida.

Decimotercero: El humanismo religioso sostiene que todas las asociaciones e instituciones existen para el cumplimiento de la vida humana. La evaluación inteligente, la transformación, con miras a la mejora de la vida humana es el programa y propósito del humanismo. Las instituciones religiosas sin duda, sus formas rituales, métodos eclesiásticos y actividades comunales deben ser reconstituidas tan rápidamente como lo permita la experiencia para funcionar eficazmente en el mundo moderno.

Decimocuarta: Los humanistas están firmemente convencidos de que una sociedad codiciosa motivada por el lucro ha demostrado ser insuficiente y que debe instituirse un cambio radical en los métodos, controles y motivos. Debe establecerse un orden económico socializado y cooperativo para que la distribución equitativa de los medios de vida sea posible. El objetivo del humanismo es una sociedad libre y universal en la cual la gente voluntaria e inteligentemente coopera por el bien común. Los humanistas exigen una vida compartida en un mundo compartido.

Decimoquinto y último: Afirmamos que el humanismo (a) afirmará la vida en lugar de negarla; (b) buscará provocar las posibilidades de vida, no huir de ellas; y (c) procurará establecer las condiciones de una vida satisfactoria para todos, no sólo unos pocos. Por esta moral positiva e intención, el humanismo será guiado y desde esta perspectiva y alineación, fluirán las técnicas y los esfuerzos del humanismo.

Así son las tesis del humanismo religioso. Aunque consideramos las formas religiosas y las ideas de nuestros padres no más adecuadas, el gusto por la buena vida sigue siendo la tarea central para la humanidad. El hombre por fin se está volviendo consciente de que sólo él es responsable de la realización del mundo de sus sueños, que tiene dentro de sí mismo el poder de sus logros. Debe configurar su inteligencia y voluntad para la tarea."

El primer firmante de este documento era un profesor de historia de la Iglesia y Teología en la Universidad de Harvard. Otros firmantes fueron el profesor de Filosofía en la Universidad Cornell, el Editor General de Scripps Howard Newspapers y un total de 34 líderes académicos, educadores y líderes de la plaza. El Manifiesto Humanista II, escrito en 1974, confirma la agenda original y refuerza lo contrario que es para Dios y Su pueblo. Los jóvenes de EE.UU. van a las principales universidades y han sido alimentados con esta filosofía impía en los últimos 80 años y son ahora responsables de la cultura impía que arrasa EE.UU.

¿Ahora entiendes por qué EE.UU. está tan distorsionado y distante de lo que lo hizo grande en sus primeros 200 años? ¿Ves alguna similitud en esta declaración y el pensamiento filosófico retorcido que hoy sale de nuestras salas de enseñanza superior? ¿Ves la necesidad y urgencia para que la generación de hoy detenga el mal, el pensamiento humanista que ha invadido la plaza, gobierno y educación? Esta puede ser la última generación que puede recuperar a cualquier tipo de pensamiento cristiano y la influencia antes de que un colapso total de la moral cristiana y debate razonable se vuelva inevitable.

En Lamentaciones, 4:13, vemos la raíz del comportamiento actual de los EE.UU., los "pecados de los profetas" (guardianes del futuro) e "Iniquidades de los sacerdotes" (encargados del presente). Siempre es la estrategia del enemigo para destruir a los líderes a través de falsas enseñanzas, un sistema judicial corrupto y la avaricia en la plaza. La pobre teología y el mal comportamiento han colaborado desde el jardín de Edén cuando Satanás le preguntó a Eva: "Con que Dios ha dicho..?" y Dios le preguntó a Caín, "¿Dónde está tu hermano?"

Cuando la Iglesia está confundida en su teología y es socia de la conducta impía, sufre toda la sociedad. Cuando la Iglesia se niega a resistir el mal en su propia casa, ella ya no puede vencer el mal en la plaza. Los hombres malvados de todas las edades utilizan a la tibia Iglesia para encubrir su propia maldad. Ellos codician nuestro aval sin soportar nuestro mensaje de justicia y santidad. Tenga en cuenta la advertencia de Pablo en Corintios II 11:13-15:

"Estos individuos son falsos apóstoles. Son obreros engañosos que se disfrazan de apóstoles de Cristo. ¡Pero no me sorprende para nada! Aun Satanás se disfraza de ángel de luz. Así que no es de sorprenderse que los que lo sirven también se disfracen de siervos de la justicia. Al final, recibirán el castigo que sus acciones perversas merecen». (NTV)

¿Por qué no estamos ganando esta batalla? Debemos entender tres puntos clave:

Primero: Entender cómo perdimos la influencia sobre la plaza, el gobierno y la educación en los últimos 100 años. Enseñando teología pobre y usando declaraciones tales como: "Por lo tanto, salgan de entre los incrédulos y apártense." Corintios II 6:17 (RVA) Estableciendo un sistema de clase eclesiástica y usando las designaciones como clérigos, laicos, a tiempo completo, tiempo parcial, bivocacional, seculares, sagrados y otros términos abominables.

Usando citas bíblicas imprecisas fuera de contexto como "Jesús vendrá pronto, no te preocupes en cambiar la cultura, simplemente observa y ora." Ellos quieren decir observa lo que está pasando y reza para que no te veas afectados por ello. Mientras tanto, el enemigo salió con la influencia en las tres entidades porque la Iglesia abandonó totalmente su pasión por influir en la acera frente a la Iglesia mientras estaban adentro asistiendo a un servicio nocturno.

<u>Segundo</u>: Darse cuenta de que es voluntad de Dios que la iglesia recupere su influencia siendo la "sal y luz" que se suponía que fuera. En ninguna parte las escrituras indican que la Iglesia debe ser pasiva, mentecata o ingenua. El apóstol Pablo a menudo se refería a los cristianos como un ejército en constante estado de guerra (véase Efesios 6). No, la Iglesia no debería estar tirando la oreja del sumo sacerdote pero tampoco deberíamos permitir que el enemigo invada la plaza, gobierno o educación como si le perteneciera a él. La Biblia dice: *"La tierra es del Señor y todo lo que hay en ella"* Salmo 24 (NTV). La carne y sangre no es el enemigo sino que es el mal que los controla y debemos hacer algo al respecto.

<u>Tercero</u>: Los ministros Efesios 4:11 deben creer que Dios va a dominar la influencia en estas tres puertas. Deben tener la voluntad de convertir en guerreros a los ministros Efesios 4:1 que saben cómo hacer la guerra espiritual y ganar la batalla por la influencia donde más importa. El liderazgo de la iglesia debe ser algo más que pastorear el rebaño y formar buenos miembros de la Iglesia. Los ministros Efesios 4:11 y 4:1 deben creer en Dios para Su plan para que la "justicia" domine en su ciudad a través de un vivir justo e influencia en la gente.

Recuperar la Influencia Nacional y Mundial

Recuperar la influencia comienza con entender el mandato bíblico:

"La justicia engrandece a la nación, pero el pecado es la deshonra de cualquier pueblo." Proverbios 14:34 (NTV)

"Cuando los justos gobiernan, el pueblo se alegra. Pero cuando los perversos están en el poder, el pueblo gime." Proverbios 29:2 (NTV)

Las cuatro palabras que describen lo que va a demandar son valor, confianza, conflicto y sacrificio. Debemos tener valor para dar la vida, un día a la vez o todos a la vez como algunos de nuestros hermanos y hermanas en las naciones con restricciones. Cuando estamos desalentados, debemos seguir manteniendo valor frente a la fatiga del combate a menos que finalmente nos agotemos y cedamos.

Exhibes coraje cuando estás cansado de la batalla, desgastado y encaminado a la derrota pero luego se produce un cambio. Lideras con *coraje* cuando sientes temor y quieres ausentarte sin permiso, pero en tu ausencia de *ego* decides no hacerlo.

Confianza significa tener fe, no en ti mismo sino en Dios que te prometió no abandonarte o desampararte. Él nunca corre adelante o te deja atrás. Es importante tener *confianza* en tus líderes que están encima de ti en el Señor y te protegen con bienestar espiritual. Tienes que honrar y obedecer a esas clases de líderes según Hebreos 13. Ten *confianza* en ti mismo y en la persona que Dios te hizo. Ser *confiado* en que puedes hacer todas las cosas con la fuerza que Dios te da.

Conflicto. La Biblia dice: "*todo el que quiera vivir una vida de sumisión a Dios en Cristo Jesús sufrirá persecución*" Timoteo II 3:12. Disfruto los buenos momentos pero he aprendido mucho más durante los tiempos difíciles. Somos llamados a un campo de batalla, no a un patio de recreo. Muchos en la Iglesia hoy en día les gusta decirte cómo ser una mejor persona, pero ¿mejor para hacer qué y por qué? Una bebida alcohólica comercial hace algunos años decía:

"Tú sólo recorres la vida una vez. Aprovecha todo el gozo que puedas". Es cierto que sólo recorres una vez esta vida pero todo el mundo seguirá para siempre en la eternidad después de esta vida. Lo que haces en esta vida determina cómo vives en la eternidad. Necesitamos ser mejores pero no sólo para nuestro propio deleite. Me preocupa que muchos líderes de la Iglesia pierdan la parte acerca de armarse para la guerra espiritual. Muchos son como la Tribu de Efraín del Antiguo Testamento: *"arqueros armados, volvieron la espalda en el día de la batalla."* Salmo 78:9 (RVC)

Sacrificio. Recuperar la influencia sobre las tres entidades (puertas de influencia) requiere más sacrificio de lo que muchos están dispuestos a dar. Gran parte de la Iglesia acompaña al mal con el fin de llevarse bien con el mundo. Resultado, el mal gobierna. El sacrificio debe ser algo más que renunciar alguna vez a algo que te gusta. El sacrificio debe ser un modo de vida. Un espíritu de sacrificio ilustrado en Marcos 10:45: *"Porque ni siquiera el Hijo del Hombre vino para ser servido, sino para servir y para dar Su vida en rescate por muchos."* (RVC)

> *"Dame 100 predicadores que sólo teman al pecado y sólo deseen a Dios y no me importa si son clérigos o laicos, simplemente eso hará temblar los portones del infierno (portones de influencia) y establecerá el Reino del cielo en la tierra." John Wesley.*

> *"Estos son los tiempos que prueban las almas de los hombres. El soldado de verano y el patriota del sol, en esta crisis, reducirán el servicio de su país: pero el que ahora está parado se merece el amor y el agradecimiento de los hombres y las mujeres. La tiranía, como el infierno, no es fácilmente conquistada; sin embargo tenemos este consuelo con nosotros, que cuanto más difícil el conflicto, más glorioso es el triunfo.*

> *Cuando conseguimos algo muy barato, no lo estimamos demasiado. El cielo sabe cómo poner un precio adecuado a sus bienes, y sería extraño si lo celestial no diese a un artículo como la libertad un precio tan alto." Thomas Paine*

No debemos pensar en los desafíos de la plaza sin hablar sobre el modelo que Jesús exhibió. Él vino a buscar a aquellos que estaban sufriendo y estaban perdidos en la plaza, no en el Templo. El Templo Lo toleró por un tiempo, pero al final Lo crucificó. La plaza Lo celebró y Lo quiso coronar Rey. Jesús declaró la guerra al sistema religioso mientras se sentía a gusto en la plaza y con amor por la gente de allí.

Jesús era sensible a la gente sin comprometer el mensaje que Él vino a entregar. Su mensaje era una ofensa a los santurrones, a la vez que gran esperanza para el herido y desalentado. Como mensajeros, podemos ofender pero nunca debemos ser ofensivos o presumidos. Él nunca tomó el camino de la menor resistencia. Tomar el camino de la menor resistencia, tuerce tanto a los hombres como a los ríos. Si la Iglesia tiene influencia en la plaza, nadará contra la corriente la mayoría del tiempo.

La Iglesia en el siglo XX perdió la capacidad de distinguir la luz de la oscuridad, el azúcar de la sal y el rugido de la batalla de las aclamaciones de la multitud. Ya no es capaz de preservar la justicia en medio del mal o guiar a la gente perdida hacia afuera de las tinieblas. Jesús dijo que la Iglesia es para ser la luz del mundo. Algunos cristianos son como linternas — sólo utilizados en situaciones de emergencia. Algunos son como las luces estroboscópicas, se encienden y se apagan. Tenemos que ser reflectores buscando a los perdidos en la plaza— no para exponer su pecado sino para darles esperanza.

Jesús dijo en Mateo 16:18: *"...Edificaré mi Iglesia; y las puertas del infierno no prevalecerán contra ella."* (RVA) Mientras los hombres trataban de construir una Iglesia mejor en vez de extender la influencia del Reino dentro del modelo que ya existe— las puertas (influencia) del infierno tienen éxito.

No extiendes el Reino *dentro* de la Iglesia; la Iglesia extiende el Reino recuperando la influencia en las tres entidades que controlan todas las naciones: plaza, gobierno y educación. Salmos 24:7-10 habla de estas puertas como lugares de influencia:

> *"Alzad, oh* <u>puertas</u>*, vuestras cabezas, Y alzaos vosotras,* <u>puertas</u> *eternas, Y entrará el Rey de gloria. ¿Quién es este Rey de gloria? Jehová el fuerte y valiente, Jehová el poderoso en batalla. Alzad, oh puertas, vuestras cabezas. Y alzaos vosotras, puertas eternas, Y entrará el Rey de gloria. ¿Quién es este Rey de gloria? JEHOVÁ de los ejércitos, Él es el Rey de la gloria." (RVA)*

Las "puertas" se refiere tanto a los lugares de influencia como a los puntos de entrada en la plaza. En la actualidad, en EE.UU. y en la mayoría del mundo, el mal domina las puertas de la influencia y las puertas se cierran herméticamente para evitar la entrada del Evangelio donde podría hacer el mayor bien. Sólo una Iglesia determinada y con el poder del Espíritu puede cambiar eso. Romanos 8:19 dice: "todo el mundo espera la manifestación de los hijos de Dios." (RVA) ¿Qué tienen que manifestar estos hijos? Yo sostengo que es recuperar la influencia en la plaza, el gobierno y la educación.

La batalla por el alma de EE.UU. y el mundo libre está arrasando, mientras que la llamada a las armas ha sonado. Las oportunidades abundan — no podemos ver nuestra actual falta de influencia como un fracaso ya que deberíamos verla como una arenga. Claro, es un revés, ¡pero Dios no cayó de su trono y el Espíritu Santo no ha salido! La capacidad de influir en la plaza, los gobiernos y los sistemas de educación en el mundo entero, a través de la tecnología actual, está disponible. Cómo será la respuesta de la iglesia a esta oportunidad es la única pregunta que queda.

3
El Más Grande Líder Jamás Visto

Cuatro placas han estado en mi oficina durante años. Contienen las siguientes citas de cuatro líderes famosos:

"La calidad de vida de una persona está en proporción directa a su compromiso con la excelencia sin importar su campo elegido de esfuerzo".

Los aficionados al fútbol profesional estarán familiarizados con esta cita del legendario Vince Lombardi de la NFL, reconocido por sus años en los Green Bay Packers, ganadores de los dos primeros campeonatos de Super Bowl. Vince Lombardi, debido a su compromiso con la excelencia, sin importar qué hizo o no, puso el listón para los demás entrenadores en los últimos 60 años. Otras frases célebres son:

"En medio de todas las dificultades, se encuentra la oportunidad."—Albert Einstein

El pesimista ve dificultades en cada oportunidad; el optimista ve la oportunidad en cada dificultad." —Winston Churchill

"Las cosas pueden llegar a aquellos que esperan, pero sólo las cosas dejadas por los que se apresuran".
—Abraham Lincoln

Los grandes líderes y el liderazgo que ofrecen no es accidente o coincidencia — es el resultado de años en el crisol de la vida, sujetado con perseverancia. Ya sea un entrenador de fútbol de la NFL, un científico de renombre mundial, un líder nacional durante la Segunda Guerra Mundial o un presidente de EE. UU. al mando del país durante su guerra más sangrienta, vemos los resultados de un gran liderazgo. Pueden no haber sido los mejores o más brillantes ejemplos de grandes líderes, pero sin duda afectaron mi vida y ayudaron a moldear mi liderazgo.

El liderazgo es asunto de todos. En mi mundo, miro a todo el mundo desde una perspectiva de liderazgo. Todo el mundo es un líder por lo menos de dos maneras. Primero, si eres cristiano, estás acercando gente a Cristo o alejándola, por la vida que llevas en la casa de la Iglesia, pero aún más en la plaza. Segundo, estás acercando gente a la visión o alejándola de ella, por tu ética de trabajo y desempeño diario. Puedes no ser el líder principal de una organización, ministerio o negocio; sin embargo, todos los días influyes en los miembros del equipo a tu alrededor. Esto plantea la pregunta: ¿es tu influencia positiva o negativa?

El liderazgo no se trata de elecciones o nombramientos a una posición. No se trata de un lugar en un organigrama organizacional o de tener rango y privilegio, y ciertamente no se trata de ser el jefe o el supervisor. Estos pueden dar oportunidades para liderar, pero en sí mismos, no garantizan un liderazgo eficaz. Incluso si eres un líder, los atributos mencionados no garantizan el éxito. El liderazgo es muchas cosas, pero un *gran* liderazgo es acerca de tener una actitud de servicio y un sentido de responsabilidad para marcar una diferencia positiva cada día donde Dios te asigne.

El difunto Dr. Edwin Louis Cole solía decir que sólo eres capaz de liderar al grado que estás dispuesto a servir—no pudo haber sido más correcto. Los efectos de tu liderazgo se ven todos los días *después* que te marchas y el equipo permanece por su propia cuenta.

Jesús fue el más grande líder y el formador de personas que hubo alguna vez en la plaza. Otros pueden haber guiado más personas y producido mayores presupuestos, pero nadie se ha acercado para influir en el mundo durante un período mayor de tiempo con el impacto que tuvo Jesús.

Formó a doce individuos de plaza de un amplio espectro de la vida, quienes pasaron a tener influencia en el mundo. Desde antes hasta después de Cristo, nadie ha tenido el mismo impacto que Jesús tuvo en lo que respecta a la gente y el cambio. Trabajó con un equipo muy humano, propenso a errores y fracasos y sin embargo, la Biblia dice "dio vuelta su mundo" Hechos 17:6. (RVA) Él los reclutó por debajo de los árboles, a lo largo de las riberas, de la industria pesquera, las oficinas de impuestos del gobierno, consultorios médicos y callejones traseros. Algunos eran educados, algunos analfabetos, y muchos estaban entre unos y otros.

Algunos tenían antecedentes cuestionables, eran conocidos como alborotadores y algunos podrían huir cuando las cosas se ponían difíciles. Sin embargo, Él enseñó, formó y los entrenó a pesar de todas sus debilidades. Mateo 10:16 dice que Los envió como "ovejas entre lobos" (NTV), muchas veces sin nada en el banco y en situaciones que harían al más fuerte pensarlo dos veces. ¿Por qué fue capaz de reunir ese tipo de compromiso? Lo hicieron por una razón — para que pudieran estar con Él otra vez. Querían estar con Él ya fuera por un día, una semana o la eternidad.

Los buenos líderes tienen una manera de atraer gente buena y mantenerla durante un tiempo. Pero los grandes líderes tienen una manera de atraer gente buena, hacerlos grandes y mantenerlos durante un largo tiempo. Conozco mucha gente que trabaja por menos dinero, en condiciones menos que ideales porque tienen la oportunidad de trabajar para un gran líder. A los líderes pobres les resulta difícil atraer a alguien de valor y su tasa de rotación siempre es alta.

Excelencia en el Carácter

El estilo de liderazgo de Jesús era fuerte en tres áreas, lo cual divide a los grandes líderes en buenos o normales:

Primero, Él modelaba la excelencia personal. No pedía nada de los demás que no exigiera primero de Sí mismo. Él sabía quién era y no pedía disculpas ni hacía concesiones. Él no miró hacia atrás, a Su vida antes de la cruz y dijo: «¡Caramba, debo ser el Hijo de Dios!" En Juan 10:36, Él declaró que era el Hijo de Dios, pero vino como el siervo en Marcos 10:45. No tuvo ningún problema en lavar los pies porque sabía que Él hizo los cuerpos a los que estaban conectados. Nunca alcanzarás tu pleno potencial y operarás en un espíritu de excelencia en ese nivel hasta que comprendas bien quién te hizo Dios para que fueras.

"Sabiendo Jesús que el Padre le había dado todas las cosas en las manos, y que había salido de Dios, y a Dios iba, levántase de la cena, y quítase su ropa, y tomando una toalla, ciñóse». Juan 13:3-4 (RVA).

Él normalmente se veía teniendo éxito en la misión que Dios Le encomendaba. Dios constantemente hacía declaraciones de Su éxito. En Isaías 55:11 Él dijo: "Así será mi palabra que sale de mi boca: no volverá a mí vacía, antes hará lo que yo quiero, y será prosperada en aquello para que la envié". Y Jesús ofrendó en Juan 7:24. "... porque yo, lo que a Él agrada, hago siempre" (RVA) y en Juan 11:42: "Que yo sabía que siempre me oyes". (RVA). Hasta que domines la excelencia personal nunca dominarás cualquier otra cosa con excelencia.

Hasta que domines tu lengua, la excelencia nunca será tu modo de vida. Puede ser una meta que intentes alcanzar pero hasta que la excelencia esté en todo lo que haces, tu liderazgo puede ser bueno pero nunca será grande. La excelencia comienza por tus palabras. La Biblia dice que tus palabras definen tu futuro. La excelencia no está en tu futuro hasta que a través de tus palabras y tu actitud, se convierte en parte de tu presente.

Jesús siempre decía palabras poderosas, positivas y amorosas palabras acerca de Su Padre, Él mismo y los de Su equipo. Ese es el motivo por el cual era bienvenido en todas partes y atraía gente a dondequiera que fuera— hacer milagros no lastimaba a nadie. Por cierto, ¿está eso en el currículum de los actuales ministros Efesios 4:1 de la plaza? Según Marcos 16, debería ocurrir frecuentemente.

Los grandes líderes entienden que la excelencia empieza con ellos y su confianza en que Dios hizo que fueran y quiénes *no* los hizo que fueran. Un buen amigo mío dice: «Saber quién eres es genial, pero saber quién no eres, es mejor". También entienden que nunca construirás y guiarás a otros con eficacia desacreditándote más allá de lo que es verdadero.

Excelencia en las Acciones

Segundo, Jesús era un gran líder de plaza porque hacía todo con distinción. Marcos 7.37 dice: "Jesús hace todas las cosas bien." Yo creo que cada mueble que Él construyó en Su carpintería reflejó Su espíritu de excelencia. Porque Él era el epítome de la excelencia, el patrón oro, todo lo que tocaban Sus manos era marcado con ese mismo espíritu. Cada acción que Él realizaba era deliberada y hecha con excelencia y confianza.

Él dijo en Juan 6:38 (RVA): «Porque he descendido del cielo, no para hacer mi voluntad, mas la voluntad de Aquel que me envió». En Juan 21:25 dice que el mundo no podría contener los libros de todas las cosas que Jesús hizo en sus tres y medio años de ministerio terrenal si se escribieran todas en detalle. Tengo que creer que la calidad de Sus acciones y la pasión que Él demostró en sus esfuerzos nunca disminuía independientemente de cuántas veces realizara la tarea.

Como con todos los grandes líderes, cuando Jesús llegó, la acción tuvo lugar debido a que cada gran líder tiene un sesgo para la acción. Si algo no cambia o se ajusta cuando llegas, lo más probable es que estés dirigiendo y no conduciendo. La única razón de liderazgo estratégico es para hacer los cambios necesarios para avanzar y acercarse a ver la visión cumplida.

Jesús tenía un plan basado en Su propósito. Todos los grandes líderes tienen un plan basado en sus objetivos para el futuro, ya sea hoy, mañana, la semana próxima, el año próximo o en cinco años. Estimo que sólo tres de cada diez dirigentes tienen un plan con metas legítimas y lo usan para guiar sus actividades diarias. Todo el mundo quiere la ayuda de Dios, pero no tienen un plan o estrategia con la cual trabajar. Salomón dice: «Podemos hacer nuestros planes pero el Señor determina nuestros pasos". (NTV)

El Espíritu Santo vino para vivir en nosotros y parte de Su misión era ser nuestra guía. Sin embargo, Él no llegó a ser un dispositivo ahorrador de trabajo, sino más bien un socio que aumentaba el trabajo. Nosotros debemos comprender la idea de que el Espíritu Santo está vivo y bien en la plaza, no sólo en las reuniones de la iglesia. El Espíritu Santo quiere trabajar a través nuestro para aportar valor a la plaza y construir una plataforma desde la cual lanzar nuestro ministerio de Hechos 2. Demasiados cristianos aportan un valor inferior al máximo en sus esfuerzos de plaza y después se preguntan por qué su "mensaje" no es recibido con entusiasmo.

Los esfuerzos de plaza de Jesús eran tanto una parte de Su mensaje como su profecía en el templo el sábado. ¿No dijo Él: "cualquiera que dé... un vaso de agua fría, por tratarse de un discípulo...»? Mateo 10:42 (RVA)

Las acciones sin un plan pueden traer transpiración pero traerán muy poca inspiración. Se desperdicia mucho tiempo, esfuerzo y recursos en las iglesias, la plaza, el gobierno y la educación porque los dirigentes no pudieron planificar o hacerlo bien. Creo que fue el general Dwight Eisenhower quien dijo durante la guerra: «Incluso los mejores planes de batalla saldrán por la ventana en el momento en que se realiza el primer disparo". Pero todavía ganamos mucho en pasar por el proceso.

Jesús no sólo tenía un plan y actuaba en él, sino que también formó un equipo y lo facultó para actuar por cuenta propia. Sí, su equipo fallaba a menudo, muchas veces Lo decepcionaba y ni siquiera Lo abandonaba en momentos críticos, pero nunca se rindió en su método para llegar al mundo. Jesús era parte de un equipo y todo Su ministerio fue construido sobre el trabajo en equipo.

La Biblia, en el Deuteronomio 32:30, dice: "¿Cómo podría perseguir uno a mil y dos harían huir a diez mil...?" (RVA). Esto se debe a que la ley de sinergia de Dios siempre reemplaza a Su ley de energía. Dos caballos tirando juntos pueden tirar mucho más que dos por separado, incluso si combinas el peso que tira cada uno individualmente.

Siempre se pueden distinguir los líderes de los gerentes. Da una tarea a algún tipo gerente y la mayoría intentará hacerla ellos mismos. Entrégala a un líder estratégico y lo primero que hará es hallar a una persona para capacitar y formar un equipo para realizar la tarea. Alguien dijo una vez: "Gana quien forma un equipo para llevar a cabo la mejor idea."

La Excelencia en las Relaciones

Tercero, Jesús fue un líder de plaza excepcional porque Él desarrolló la excelencia en Sus relaciones. Desarrolló la equidad relacional en todos excepto en Sus críticos más duros.

Si te das cuenta, la mayoría de Sus desilusiones provino de la multitud de la iglesia. Jesús siempre estaba haciendo depósitos emocionales en aquellos que tocaron Su vida mientras el mundo cosechaba los dividendos. Casi todos los que tocaron Su vida estaban en la plaza. Él caminaba con Su padre en obediencia; con Sus discípulos en comunión; y con los perdidos como su amigo. Juan 3:17 dice: no envió Dios Su Hijo al mundo para que condene al mundo, mas para que el mundo sea salvo por Él. (RVA)

Cuando la gente se reúne contigo y se relaciona, ¿se sienten libres o prisioneros después de la interacción? Tales sentimientos pueden determinar cuántos amigos tienes y por cuánto tiempo los tendrás. Tres actitudes caracterizan la manera en que Jesús muestra excelencia en Sus relaciones. La primera se halla en Marcos 10:21: "Entonces Jesús, lo contempló, y con mucho amor, le dijo…" (RVC). En griego, "contemplar" significa: "estar totalmente concentrado, sostener o abrazar en ese momento".

Con demasiada frecuencia, miramos a la gente y hasta notamos su modo, pero si quieres desarrollar la excelencia en las relaciones, debes contemplarlos. Estar completamente concentrado en ellos en ese momento. Algunas personas parecen tener un don de Dios para hacerte sentir que tú eres la única persona en la habitación. Los grandes líderes trabajan en esta actitud todo el tiempo, especialmente en la plaza donde la transparencia y autenticidad no son prioridad. Si quieres aceptación y promoción en la plaza, entonces aprende a contemplar a la gente como Jesús hizo por las mismas razones. Una manera más rápida hacia lo alto puede ser cómo ves a la gente y no cómo usas a la gente.

La segunda actitud que hizo que Jesús se destacara en la plaza fue revelada cuando Él les dio una visión más grande que ellos mismos y que podría durar más que toda su vida. Él dijo: "Venid en pos de mí, y os haré pescadores de hombres". Mateo 4:19 (RVA) No sean como las masas que permiten que la televisión, la comida y el internet los atrapen cuando están aburridos de la vida sin una visión. La Biblia dice que sin una profecía "el pueblo será disipado".

Proverbios 29: 18 (RVA) Disipar no significa morir. A veces significa rendirse ante los retos de la vida y perderse en algo para cubrir el dolor y entonces sólo extinguirse.

Finalmente, Jesús siempre tenía una actitud que les daba algo por qué vivir. Para los cristianos, nada es mejor a vivir que vivir para los demás. Es triste cuando lo único que tienes para vivir es por ti mismo. Hace muchos años cuando servía como pastor, mi familia y yo visitamos a una de nuestros feligreses.

Ella era una costurera jubilada de Hart, Schaffner and Marx en Chicago. Nunca se casó y sin familia que la apoyara, vivía en un pequeño departamento de tres habitaciones y media en la parte norte de Chicago. A menudo se internaba ella misma en un hospital, fingiendo una enfermedad, para tener alguien con quien hablar un par de días.

La mayoría de los hospitales que frecuentaba la conocía por su nombre de pila. Lamentablemente, algunos miembros de la propia iglesia la evitaban llamándola hipocondríaca. Los pocos vecinos que la rodeaban la evitaban pensando que era un ser excéntrico. Mientras compartíamos una comida y tratamos de encontrar cosas de qué hablar, notamos que las únicas fotos que tenía alrededor del apartamento eran todos de ella, sola. Ella no tenía ni siquiera un amigo que pudiera tomar su foto.

Piensas que ella sería la excepción, pero después de 45 años de ministerio en la Iglesia y la plaza, el aislamiento personal es más común de lo que creemos. ¿Quieres crear tus cuentas de capital relacional con la gente? Encuentra una manera de hacer que la gente siente bien sobre sí mismos y ofréceles una visión de quiénes son con tu ayuda y que pueden ser con la ayuda de Dios.

Empoderamiento

Jesús también dio poder a la gente. El empoderó a la Iglesia como un todo en el día de Pentecostés, pero Él también constantemente facultó individuos como una forma de vida. Estaba siempre afirmando y diciendo sí.

Sí, Yo iré a tu boda.
Sí, Yo iré a tu casa.
Sí, Yo sanaré a tu suegra o a tu hijo.

La gente le hizo a Jesús más de 180 preguntas en los cuatro Evangelios y Él contestó sólo tres o cuatro directamente. Jesús hizo a la gente que conoció más de 300 preguntas en los cuatro Evangelios. La más frecuente fue: "¿Qué quieres que haga por ti?" "¿Cómo puedo no sólo satisfacer su necesidad, pero ¿cómo puedo potenciarlo así tú puedes capacitar a otros?"

Los grandes líderes siempre buscan maneras para una vida mejor en aquellos están guiando. Con los grandes líderes, siempre es: "¿Qué puedo hacer para el equipo?" Nunca es: "¿Qué puede el equipo hacer por mí?" Es maravilloso tener personas que te honren y sirvan como su líder, pero cuando empiezas a esperar su honor, las cosas comenzarán a ir hacia los lados. Mientras estás mirando con dolor en el espejo, cita Marcos 10:45: *"Porque ni siquiera el Hijo del Hombre vino para ser servido, sino para servir y para dar su vida en rescate por muchos"*.

La esencia de la Biblia trata de un Padre amoroso intentando convencer a sus hijos que los ama y está dispuesto a darles lo mejor que tiene. ¿Por qué es así nuestro Padre Celestial? Así que podemos decir a aquellos que luchan con la vida que hay una mejor manera de la que podemos disfrutar la vida de Cristo cada día por el resto de nuestra vida. Esta vida nos prepara para la eternidad, la experiencia final—la vida eterna.

Jesús fue el líder más grande que caminó en la plaza de las ideas y las personas. Era la esencia de la excelencia como persona, no sólo las acciones que tomó y lo que hacía sentir sobre sí mismos, sino por Su presencia. Si vamos a tener influencia en nuestra misión de plaza, nuestra vocación y ministerio, no hay ningún mejor ejemplo y modelo de nuestra vida a seguir. Jesús fue el líder más grande que jamás haya existido. Él vive hoy en los corazones de aquellos que invocan Su nombre.

4
El Rol del Embajador en la Plaza

El papel bíblico de todos los ministros de la plaza se encuentra en Corintios II 5:20-6:2 y dice así:

"Así que somos embajadores de Cristo; Dios hace su llamado por medio de nosotros. Hablamos (incrédulos contactos de plaza) en nombre de Cristo cuando les rogamos: «¡Vuelvan a Dios!». Pues Dios hizo que Cristo, quien nunca pecó, fuera la ofrenda por nuestro pecado, para que nosotros pudiéramos estar en una relación correcta con Dios por medio de Cristo.

Como colaboradores de Dios, les suplicamos que no reciban ese maravilloso regalo de la bondad de Dios y luego no le den importancia. Pues Dios dice: «En el momento preciso, te oí. En el día de salvación te ayudé». Efectivamente, el «momento preciso» es ahora. Hoy es el día de salvación». (NTV)

Las directrices del Departamento de Estado de EUA definen así a un embajador:

"Un representante del gobierno, llamado, comisionado y enviado a servir en un país extranjero con el fin de comunicar con precisión la posición y las políticas de los Estados Unidos de América, para que la gente a quienes se envía, se pongan en contacto y mantengan buenas relaciones con los Estados Unidos de América".

Es lo que debemos hacer como embajadores del Rey de Reyes. Representamos a Él y a Su Reino en los mercados de EE.UU., y en todas partes donde nos envía. Hemos sido enviados para representar los intereses del Rey y de su Reino, no los propios. Esta habilidad para representar a los intereses de Cristo es un desafío a resolver como cuando el apóstol Pablo declaró al escribir sobre Timoteo a los

Filipenses: "No cuento con nadie como Timoteo, quien se preocupa genuinamente por el bienestar de ustedes. Todos los demás solo se ocupan de sí mismos y no de lo que es importante para Jesucristo». Filipenses 2:20 (NTV) Pablo conocía muchas personas, pero sólo conocía Una que tenía las prioridades correctas. Cuando nos preguntan nuestras visiones del mundo, sugiero responder de esta manera: "Mis opiniones personales no son importantes, sólo las del Rey y del Reino a quienes represento."

A menudo la batalla de opiniones personales nos arrastra cuando deberíamos expresarnos como embajadores de Cristo. Jesús, el apóstol Pablo y otros Cristianos del Primer Siglo fueron maestros en desviar la atención de opiniones personales a las posiciones del Reino.

En este capítulo, consideraremos los cuatro elementos que tiene un embajador en la plaza:

1. El Embajador Modelo de Dios.
2. El Perfil del Embajador.
3. Las Responsabilidades del Embajador.
4. La Meta del Embajador.

I. El Embajador Modelo de Dios

Podemos aprender muchas cosas de todos los grandes líderes, pero sólo Cristo y su palabra pueden prepararnos adecuadamente para representar a Él y a su Reino en la plaza. Jesús puso el listón para todos nosotros. Nuestro papel como Embajadores de Cristo en la plaza está definido por cómo vivió, especialmente en Sus últimos tres años y medio. Él dominó tres cosas que sería bueno que también domináramos en nuestro llamado y tarea en la plaza.

Primero, Él se dominó a Sí mismo. Nunca dominarás los desvíos de la plaza y tu rol como embajador, hasta que te domines a ti mismo. Nunca te dominarás a ti mismo hasta que te domines tu lengua.

«Es cierto que todos cometemos muchos errores. Pues, si pudiéramos dominar la lengua, seríamos perfectos, capaces de controlarnos en todo sentido. Podemos hacer que un caballo vaya adonde queramos si le ponemos un pequeño freno en la boca También un pequeño timón hace que un enorme barco gire adonde desee el capitán, por fuertes que sean los vientos.

De la misma manera, la lengua es algo pequeño que pronuncia grandes discursos. Así también una sola chispa puede incendiar todo un bosque. Además, la lengua es una llama de fuego. Es un mundo entero de maldad que corrompe todo el cuerpo. Puede incendiar toda la vida, porque el infierno mismo la enciende». Santiago 3:2-6 (NTV)

Tus palabras siempre te definen, tu llamado y tu rol como embajador. El curso de los acontecimientos en la vida y el Ministerio no desconcertaron a Jesús. Él no se sorprendió cuando llegaron, Lo llevaron y Lo crucificaron. A los doce años, Él sabía *Quién* era y *por qué* Él era, cuando asombró a los ancianos del templo con Su conocimiento y sabiduría. Constantemente estaba hablando de la palabra de Su Padre sobre Él mismo y no Su propia palabra:

«Mi palabra hace todo lo que yo quiero. Mi palabra tiene éxito en todo aquello para lo cual la envié». Isaías 55:11

«Siempre hago lo que a Él le agrada». Juan 8:29.

"Dios siempre responde mis oraciones». Juan 11:42

Jesús regularmente visualizaba el éxito de Su vida y Sus esfuerzos para representar los valores e intereses de Su padre. Siempre dijo palabras amorosas, potentes y seguras sobre Él mismo y los otros. Con pocas excepciones, las únicas personas a quienes reprendió fuertemente fueron los responsables religiosos de Su época. Si no estás en paz con quien Dios te envió a estarlo, tendrás que luchar para ser Su embajador en la plaza.

Debes ser capaz de manejar Su palabra "como un buen obrero, alguien que no tiene de qué avergonzarse», Timoteo II 2:15 (NTV) haciendo creíble tu mensaje y tu rol como embajador eficaz. Por esta razón tu mensaje como embajador debe ser claro, simple y competente.

Tener Dominio Sobre las Relaciones

Segundo, Jesús tenía dominio sobre Sus relaciones. Él amaba a las personas por quienes Él vino a dar Su vida en su rescate. Él honró quienes eran y no despreció lo que no eran. Les inspiró la grandeza cuando no podían verla por sí mismos. Sin embargo, más que eso, el amor que el Padre tenía por las personas motivó a Jesús todo Su ministerio terrenal. El amor del Padre envió a Jesús a morir y quitar la carga del pecado de sus hombros. Jesús dominó Sus relaciones en tres formas específicas:

Primero, Él los contemplaba. En Marcos 10:21 el escritor dice: «*Jesús contempló al hombre y sintió profundo amor por él*». La palabra "contemplar" significa: "estar completamente centrado o abrazar, en el momento". Es difícil mirar a la gente y verdaderamente amarlos si primero no centras totalmente tu atención en ellos en cualquier momento dado. ¿Cuántas veces has hablado con alguien cuya atención no estaba centrada en ti, sino en algún otro lugar? ¿Cómo te sentiste?

Jesús nunca hizo eso y tampoco nosotros, si queremos dominar nuestras relaciones. No sólo es grosero, sino que abate tu capacidad para ser un gran líder y un embajador de la plaza. Si no das a la gente toda tu atención, la mayoría de las veces, no tendrás la suya.

Debemos vigilar constantemente cómo vemos y utilizamos a quienes le hemos prestado poca atención, mucho menos nuestro amor. Puedes dar atención sin amor, pero no se puede amar sin dar toda la atención. Jesús es nuestro modelo para este comportamiento porque constantemente estaba mirando a aquellos que incluso Su equipo de primera división pasaba por alto: el ciego Bartimeo, Zaqueo, el niño y su almuerzo y la mujer de Canaán, por nombrar algunos.

Demasiados cristianos están muy preocupados por conocer gente famosa y pasan al lado de aquellos que la Biblia llama los "más grandes de todos" en Su Reino. Si aprendes a "contemplar" al menor, no tendrás ningún problema con conocer y saludar a todos los grandes, a los casi grandes y hasta los no tan grandes.

La Imagen Más Grande

Segundo, Jesús dio a cada persona que escuchaba, una visión más grande de la que tenían para sí mismos. Le dijo a los expertos pescadores locales: "Síganme y haré de ustedes, pescadores de hombres" en Mateo 4:19. Jesús tenía una forma de ayudar a las personas que no tenían cabida en sus espejos excepto ellos mismos. Les ayudó a encontrar espacio para otra persona. Nunca dominarás tus relaciones si todo lo que haces es hablar de ti mismo.

La mayoría de la gente que conoces en la plaza como embajadores de Cristo tiene muy poco espacio en su espejo de la vida para otras personas más allá de sí mismos. Llévalas a tu mundo y expone la grandeza de Dios en tu vida y gana el derecho de hablar en la de ellos. Tu rol, como embajador, es desviar la atención de sus desafíos diarios de la pantalla del radar y ayudarlos a ver las posibilidades que Dios tiene para ellos, vistas sólo a través del telescopio.

Facultar a Otros para la Grandeza

Jesús facultó a la gente para la grandeza. En Marcos 10:36, Jesús preguntó: "¿Qué quieren que haga por ustedes? Jesús hace esa pregunta muchas veces en el Nuevo Testamento. Sus embajadores son para servir, no para ser servidos. Muchos "grandes" en el Reino están jugando al juego de las sillas, todos tratan de encontrar un trono para sentarse cuando la música se detiene, en lugar de tomar la toalla y la palangana y buscar oportunidades para servir.

En la actualidad podemos ver esta escena dentro de nuestro propio gobierno. Donde una vez tuvimos sirvientes, ahora tenemos mercenarios. Abundan las oportunidades en la plaza para los líderes sirvientes así como dentro del mundo de la Iglesia. ¿Por qué cuando es hora de mover el piano, todo el mundo quiere agarrar el banco?

Muchos en la Iglesia buscan púlpitos desde donde predicar como muchos en la plaza buscan empresas para dirigir, en vez de ambos buscar lugares para servir. Grandes embajadores, primero vayan como sirvientes y ganen el derecho a opinar. Aún Jesús dijo en Marcos 10:45:

> *"Pues ni aun el Hijo del Hombre vino para que le sirvan, sino para servir a otros y para dar su vida en rescate por muchos."*(NTV)

La esencia de la palabra de Dios es un Padre amoroso intentando convencer a sus hijos de que los ama y está dispuesto a darles lo mejor que tiene. Nuestro papel como embajadores de la plaza tiene esta misma esencia; estamos aquí para servir, no para ser servidos.

Dominar Tus Acciones

Tercero, Jesús dominó Sus acciones. Juan 21:24-25 dice:

"Ese discípulo es el que da testimonio de todos estos sucesos y los ha registrado en este libro; y sabemos que su relato es fiel. Jesús también hizo muchas otras cosas. Si todas se pusieran por escrito, supongo que el mundo entero no podría contener los libros que se escribirían. Amen". (NTV)

La única manera que pudieron impedirLe de hacer más como hombre fue crucificarLo. La plaza debe controlar sus acciones, especialmente qué acciones realizan en situaciones críticas. Los grandes embajadores con frecuencia dan una respuesta en vez de reaccionar. Cuando escogiste dar una respuesta es porque piensas cómo vas a actuar. Las reacciones se basan exclusivamente en el pensamiento y juicio anteriores en lugar de la realidad actual. A veces la reacción es inevitable, pero la mayor parte del tiempo es evitable. Cada situación merece una respuesta, no sólo una reacción.

Antes de reaccionar y poner a alguien en su lugar, ponte en su lugar y luego considera tu respuesta. Me recuerda una historia que escuché hace muchos años cuando era joven:

Un hombre en un globo de aire caliente se dio cuenta que estaba perdido. Redujo la altitud y vio a una mujer abajo. Él descendió un poco más y gritó: "Disculpe, ¿puedes ayudarme? Le prometí a un amigo que lo encontraría hace una hora, pero no sé dónde estoy." Abajo la mujer respondió: «Estás en un globo de aire caliente flotando aproximadamente 30 pies por encima del suelo. Usted está entre 40-41 grados de latitud norte y 59-60 grados longitud oeste.

«Debes ser ingeniera," dijo el piloto.
«Lo soy", respondió la mujer. ¿Cómo sabías?

"Bueno", dijo al piloto, "todo lo que dijiste es técnicamente correcto, pero no tengo ni idea de qué hacer con su información y el hecho es que estoy aún perdido.

Francamente, no me has sido de mucha ayuda. En todo caso, se ha retrasado mi viaje."

La mujer respondió: «Tú debes ser del área de gerencia". «Lo soy", respondió el joven. ¿Cómo sabías?

"Bueno", dijo, "no sabes dónde estás o dónde vas. Has ascendido a donde estás debido a una gran cantidad de aire caliente. Hiciste una promesa que no tienes idea de cómo guardar y esperas que la gente debajo tuyo resuelva tu problema. El hecho es que estás en la misma posición que estabas antes de conocernos pero de alguna manera has conseguido que sea mi culpa".

Una historia graciosa pero ilustra un buen punto. Los embajadores de la plaza pueden dar información técnicamente correcta pero esto plantea la pregunta, ¿la gente todavía está perdida? La gente te observa cómo actúas y reaccionas en la plaza tanto o más de lo que actúas en la Iglesia. ¿Tus acciones avalan tu mensaje o traen dudas y confusión? Tu efectividad depende de ello.

Las Acciones de Jesús Eran Controladas por Tres Componentes

<u>Primero</u>, Él tenía un plan. La Biblia dice que hacemos nuestros planes con la ayuda del Espíritu Santo y entonces Dios dirige nuestros pasos. Proverbios 16:9 Muchos quieren la ayuda de Dios pero no tienen un plan de acción. No seas como el hombre que gritaba a Dios por ayuda. Finalmente, Dios respondió con un grito: "¡Con planes no mayores que los tuyos, no necesitas Mi ayuda!" Todos los embajadores de plaza están llamados a grandes oportunidades. Cree en Dios para algo más grande que de lo que eres y que durará toda tu vida.

<u>Segundo</u>, Él formó un equipo. Estos hombres eran humanos y no divinos, reclutados de los árboles, callejones, consultorios, muelles de pesca y las cabinas de los recaudadores de impuestos. Algunos tenían educación;

algunos eran analfabetos. Otros tenían antecedentes cuestionables, malas actitudes y momentos de cobardía. Sin embargo, Jesús les enseñó, los formó, estableció metas para ellos y los envió como embajadores de la plaza.

Fueron más allá como para trastornar su mundo. (Hechos 17:6) Algunos de los mejores embajadores de la plaza están esperando ser reclutados, pero como los hombres parados ociosos en la parábola, lloran: "Nadie nos contratará". Por mucho tiempo, la Iglesia ha reclutado activamente a ministros Efesios 4:11 para el púlpito sin poner el mismo esfuerzo en reclutar ministros Efesios 4:1 como embajadores en la plaza.

El enemigo ha estado comiendo el almuerzo de la iglesia de 1700 años en reclutamiento de plaza. Mira la influencia del Reino en los negocios, gobierno y educación, y creo que estarás de acuerdo. Hasta que los ministros Efesios 4:11 consigan entender el hecho de que, sin ministros Efesios 4:1 adecuadamente capacitados, no es posible que la plaza cambie pronto.

Un Plan de Acción

<u>Tercero</u>, Él adoptó medidas. Él sólo tenía citas divinas. Su Padre ordenó cada paso que Él dio y cada palabra que Él habló. Nuestro plan ¿no debería ser el mismo? ¿Por qué aceptamos los traslados de trabajo y nos mudamos al otro lado del país simplemente porque significa una promoción o aumento de salario, sin saber si es mejor para nuestra tarea en el Reino? Muchos embajadores de la plaza se encuentran en un "país" sin una vocación. Dios nos da mucho espacio en la toma de decisiones acerca de la vida, pero nos da sólo un destino.

No hay mucha geografía como la conciencia de nuestra tarea en el Reino y rol como embajador. Dios nunca nos da una misión que cause problemas para nosotros mismos o para nuestras familias. Sí, seguir el plan de Dios para nuestras vidas, exige sacrificio y dolor incluso a veces, pero nunca más allá de Su capacidad de llevarnos a la victoria. Su plan es mejor que cualquier otra alternativa. Las acciones sin un plan, generalmente crean más sudor que significado.

II. El Perfil del Embajador

Encontramos nuestro versículo clave, Corintios I 5:20, en el contexto de este capítulo quinto completo de Corintios. En los versículos 1-8, vemos la confianza de Pablo en el Cielo. En los versículos 9-13, vemos la preocupación de Pablo para complacer a Cristo. En los versículos 14-17, vemos a Pablo limitado en su amor por Cristo y en los versículos 18-21, que contiene nuestro texto (versículo 20); vemos su Comisión para la vida. Nuestro papel como Embajador de Cristo en el versículo 20, debe encontrar su contexto en la confianza del Cielo, nuestra pasión por servir a los demás mediante el servicio a Cristo y ser motivado en todo lo que hacemos por Su amor. Cuando consideramos el perfil del Embajador, debemos tener en cuenta:

- La mayoría de la gente a la que hablamos nunca han visitado nuestro Reino.
- La mayoría no acepta la autoridad o incluso la existencia del Rey que representamos.
- Las políticas de nuestro Reino parecen tener poca importancia para ellos y sus luchas actuales.
- La mayoría cuestionará nuestra capacidad, como embajadores en la plaza, para expresar esas políticas persuasivamente.

El Secretario de Estado de nuestro Reino, el Espíritu Santo, abrió y estableció nuestra Embajada en Jerusalén durante la fiesta de Pentecostés en el 33 d.C. Todavía está abierta y nuestra misión es clara. Somos embajadores de Cristo para nuestra generación en todo el mundo. No hay límites ni limitaciones con nuestra tarea. Nosotros hemos sido facultados por nuestro Secretario de Estado para representar a nuestro Rey y su Reino con todos los derechos y privilegios que acompañan a esa tarea. El éxito está garantizado y los resultados son ciertos. El manual para nuestra tarea es todavía el libro más vendido en el mundo como lo ha sido durante siglos. Es actual, pertinente para cualquier situación y logra todo que le asignamos de acuerdo a la voluntad de Dios.

¿Cuál es el perfil (cualidades) de aquellos que buscan ser embajadores de plaza? ¿Qué perfil es el que el Secretario de Estado (Espíritu Santo) busca en aquellos que quieren representar a Cristo en la plaza? Sin lugar a dudas, la lealtad es lo principal. Corintios II 5:9-10 dice: "Nuestro objetivo es agradarle a Él. Pues todos tendremos que estar delante de Cristo para ser juzgados". (NTV)

La mayor presión sobre cualquier diplomático en una misión extranjera, es la inmersión en la cultura local. Muchos olvidan que están ahí para ser una voz *diferente*. Los embajadores de la plaza nunca deben olvidar, que antes de que ellos tengan el derecho a ser oídos, deben ganarse ese derecho mediante la construcción de la igualdad relacional con aquellos a quienes sirven. Tu derecho a ser embajador de la plaza viene con tu tarea.

Tu derecho a ser oído es tu responsabilidad personal. Los incrédulos nunca creerán nuestro mensaje hasta que nos ganemos su confianza. Jesús constantemente ganaba el favor de la gente *antes* de que Él hablara, haciendo cosas tales como extraer agua para la mujer samaritana, alimentando a 5.000 personas hambrientas en una colina o cocinando el desayuno a la orilla del mar para Sus seguidores más fieles.

Hay un vínculo directo entre la eficacia y la rendición de cuentas. Puedes ser elogiado o criticado por los nativos, pero es la evaluación de nuestro Secretario de Estado la que importa. La eternidad no evaluará nuestro trabajo por una revisión anual de rendimiento, pero lo pondrá a prueba por el fuego.

Si olvidamos esta rendición de cuentas, estamos esperando que ocurra un desastre. Corintios II 5:11 dice: "Conocemos, pues, el temor al Señor". (RVR) Este conocimiento debe fijar nuestras prioridades y orientar nuestras actividades para la asignación de la vida y la plaza.

La segunda cualidad más importante para los embajadores de la plaza es la integridad. Leemos en Corintios II 5:11 *"Dios sabe que somos sinceros y espero que ustedes también lo sepan"*. (NTV) El apóstol Pablo dice: *"Para Dios es evidente lo que somos y espero que también lo sea para vuestras conciencias"*. Dijo esto por dos razones. Primero, si cualquier embajador carece de integridad (palabras y acciones no coinciden), su presencia disminuirá la reputación del Reino a los ojos de la gente a quien es enviado.

En segundo lugar, el objetivo de su misión es construir un puente de confianza a través de su comunicación y estilo de vida. ¿Cuántos líderes conoces que son bendecidos con habilidades y talento excepcional, pero dudas de su mensaje porque su integridad es cuestionable?

Sin integridad, deberías "ir a casa" antes de que te llamen de casa. La humildad es la tercera cualidad deseable para los embajadores de la plaza. Corintios II 5:12-13 proporciona el contexto para nuestro rol:

> *¿Estamos de nuevo recomendándonos a ustedes? No, estamos dándoles un motivo para que estén orgullosos de nosotros, para que puedan responder a los que se jactan de tener ministerios espectaculares en vez de tener un corazón sincero. Si parecemos estar locos es para darle gloria a Dios, y si estamos en nuestro sano juicio, es para beneficio de ustedes».* (NTV)

La gente debe haber pensado que Pablo estaba loco. ¿Nadie nunca te ha acusado de lo mismo en tu tarea de plaza? Si lo hacen, asegúrate de que sea por una buena razón. El sicólogo Robert Jay Lifton dijo en su libro: "Destruir el Mundo para Salvarlo"

"Aquellos que son consistentes en sus creencias, que tratan de vivir de acuerdo con un conjunto específico de principios, y que imaginan que tienen una única identidad núcleo—son enfermos mentales".

Aquellos llamados para ser embajadores en el ámbito educativo deben estar preparados para el desafío. El liberalismo ha estado destruyendo al tejido de los valores e ideología de nuestro Reino durante décadas. Doscientos cincuenta años atrás, los cristianos dominaron el campo de la educación. En los últimos 75-100 años se han visto embajadores de la iglesia apaleados por sus compañeros y declarados incompetentes por sus profesores.

Nunca debemos olvidar que representamos a Cristo. Representar a *nuestra* Iglesia, *nuestra* denominación, *nuestra* afiliación o nuestro no es parte de nuestra misión. Se requerirá un "espíritu de humildad" cuando la gente nos tienda una trampa con la intención de destruirnos. Nehemías 8:10 dice, *"... El gozo del Señor es nuestra fuerza"*. Si no tienes ninguna alegría, no tienes fuerza. Si no tienes ninguna fuerza, no tienes humildad (sumiso bajo la autoridad).

No tendrás éxito como embajador en la plaza sin humildad. Los humildes embajadores no son débiles, son mansos (potencia bajo control). Si tienes la mentalidad de que la humildad es debilidad, entonces pregunta a Moisés, qué significaba para él ser el hombre más manso sobre la faz de la tierra en su generación. Véase también Jaime 4:7-10 y Pedro I 5:5-7.

La cuarta calidad deseable en un embajador de plaza es la espiritualidad. Los valores del Reino deben estar siempre primeros. En Corintios II 5:12, el apóstol Pablo traza un contraste muy interesante entre dos tipos de embajadores. Uno de ellos son aquellos que se enorgullecen por lo que es visto por el público cuando la gente pregunta: "¿Qué tienes que mostrar por tus esfuerzos?". Este embajador señala sus logros, impulsados por programas y números. Según sus normas, Jesús fue un fracaso total. Si nos encargamos de la profundidad de nuestra influencia de plaza, Dios y solo Dios, determinará el alcance de nuestra influencia.

El segundo tipo de embajador en el versículo 12, está preocupado por lo que está en el corazón, "...*tener un corazón sincero*» (NTV). Los valores del Reino son la preocupación principal de este embajador. No está preocupado con la afirmación de la multitud, sólo con la afirmación de Dios. Él vive para una cosa y eso es escuchar: "... muy bien hecho mi buen y fiel siervo" por toda la eternidad. Puede "jugar a las multitudes" o vivir una vida agradando a Quién lo convocó para ser un embajador. La mayor parte del tiempo es difícil pero no imposible realizar ambas.

La quinta cualidad de un embajador de plaza es un amor apasionado. Corintios II 5:14 dice: «*Porque el amor de Cristo nos constriñe...*" Los embajadores fieles combinan el amor patriótico por su país con el amor apasionado por las personas que sirven. El famoso misionero, Joseph Damien, conocido como Damien de Molokai, ilustra muy bellamente esta clase de amor.

La isla hawaiana de Molokai es una de las islas más hermosas del mundo. Damien, un belga con una misión, dejó su tierra natal, no para buscar un lugar escénico para vivir, sino porque su corazón fue con los leprosos que habitaban la isla. Todos fueron expulsados de sus propias tierras en las islas hawaianas, debido a que las familias y amigos temían contagiarse la temida enfermedad. No se conocía ninguna cura. Aquí en este hermoso lugar vivieron aquellos con esta enfermedad mortal, encarcelada por los acantilados más altos del mundo. Hoy en día, aunque el número de leprosos es bajo debido a los recientes avances en medicina, debes tener un permiso especial para visitar la isla.

En este hermoso lugar, Joseph Damien ofrendó su vida para aquellos que amaba. Una mañana mientras vertía agua hirviendo para una taza de té, el agua salpicó fuera de la taza y cayó sobre su pie desnudo. Se dio cuenta crudamente de que el agua hirviendo no le causó ningún dolor, entonces vertió el agua hirviendo en el otro pie. Confirmó sus sospechas, no había ninguna sensación en absoluto. El miedo se apoderó de su corazón cuando se dio cuenta de su destino.

Más tarde esa mañana cuando fue al púlpito, cambió su línea de apertura—él siempre comenzaba dirigiéndose a la congregación con: "Mis compañeros creyentes". Sin embargo, esa mañana dijo: "Mis compañeros leprosos". Ahora era uno de ellos. Durante años, él les había dado esperanza para el futuro. Ahora realmente se identificaba con su dolor.

Después de su muerte, el gobierno belga lo honró como un héroe nacional y pidió su cuerpo para enterrarlo en Bélgica. La gente de Molokai escribió al gobierno pidiendo una parte de su cuerpo como un conmemorativo de su presencia con ellos. Los funcionarios en Bélgica cortaron el brazo derecho de su cuerpo y lo enviaron a aquellos que lo amaban, así podrían enterrar una parte suya en la tierra que él amó, entre la gente para quien literalmente dio su vida.

Sorprendentemente, aunque la lepra desensibilizó el sentido de tacto de Damien, no eliminó su alcance de amor por los leprosos de Molokai. Cuando preguntes a los conversos al cristianismo de cualquier otra religión del mundo por qué se convertirán, normalmente te darán una de dos respuestas. Por una epifanía de la presencia de Cristo o porque un cristiano se acercó a ellos con un gran acto de amor.

El alcance del amor funciona en el marco de la necesidad sentida. La necesidad sentida rara vez es su necesidad real. Sin embargo, si vas a alcanzar a los perdidos, es ahí donde debes empezar. Los sermones siempre funcionan mejor después de que alcanzan sus necesidades en amor porque los sermones solos no pueden hacer el trabajo.

Es difícil amar a la gente que continuamente rechaza tu mensaje. Sin embargo, ¡son tus manifestaciones de amor con motivos ilimitados los que los validan! El amor hará más por una persona que nunca ha experimentado el verdadero amor, que cualquier debate teológico o discusión filosófica. El amor no coloca exigencias, pero permite una oportunidad para la entrega de todos sus beneficios. Cristo no vino para condenar al mundo, sino para ofrecer a sus almas perdidas la oportunidad para la libertad que no habían encontrado de ninguna otra manera.

III. La Responsabilidad del Embajador

Somos embajadores en un mundo en el cual nuestro Rey tiene intereses vitales. Si Dios no tuviera palabras para los que nos rodean en la plaza, no seríamos asignados allí y ciertamente no tendríamos nada importante que decir. Sin embargo, Dios tiene un mensaje para quienes tocan nuestras vidas cada día. Somos Su única voz y Él confía en nosotros en comunicar Su mensaje de forma precisa y consistente. Nuestros motivos y estilo de vida deben ser puros. Nuestra comprensión sobre nuestra responsabilidad debe ser clara y convincente. Se necesitan dos cosas para cumplir nuestras responsabilidades.

Primero debemos escuchar *bajo* autoridad y hablar como autoridad *dada*. Como embajadores en la plaza, debemos escuchar bajo autoridad y nuestra agenda y misión deben entenderse. Corintios II 5:19 dice: "*Dios puso en nosotros la palabra de la reconciliación*». (RVA) La agenda y el mensaje se nos entregan. No tenemos la libertad para poner nuestro tono en ellos para hacerlos más digeribles. Jesús era sensible a la cultura a Su alrededor pero respondía sólo a Su padre que Lo envió sin importar lo que Su Padre decía acerca de la cultura en la que vivía.

Debemos escudriñar las escrituras y escuchar la voz del espíritu, no por temas que complacen a la audiencia y desarrollan nuestra autoestima, sino por dirección y comandos de guerra. Cuando manipulamos los mensajes para obtener mejores resultados, corremos el riesgo de convertirnos en artistas, tal vez populares, pero irrelevantes en mejor de los casos y perjudiciales en el peor de los casos.

Segundo, los embajadores de plaza deben hablar como una autoridad dada, no sólo talento y habilidad. Toda autoridad es dada y nunca tomada. El centurión en Mateo 8 dice: «*Tengo autoridad sobre mis soldados. Solo tengo que decir: "Vayan", y ellos van... O "vengan", y ellos vienen*". (NTV) La unción siempre se conecta a nuestra autoridad, no a nuestra habilidad. El Embajador que es incapaz de hablar el mensaje que se da, es una distracción peligrosa y una irrelevancia cara para El que él representa.

El mensaje de los embajadores en la plaza es sobre responsabilidad. Los embajadores maduros son oyentes atentos y altavoces fieles. Son coherentes y concisos en los mensajes que entregan. Debe hablan fielmente sobre cuatro temas principales:
Primero, deben hablar el único y verdadero Dios. Nota cuántas veces Dios es mencionado en Corintios II 5:18-21:

- Dios nos ha dado nuestro mensaje completo.
- Dios está reconciliando el mundo a Sí mismo.

- Dios ha encomendado el Ministerio de la reconciliación a nosotros.
- Dios nos hace un llamamiento.
- Dios hizo a Cristo pecar por nosotros.
- Dios nos ha hecho justos en Cristo.

Nuestro ministerio debe estar centrado en Dios y en personas relacionadas, no viceversa.

Segundo, los embajadores deben hablar acerca de Jesucristo y no sobre sí mismos. No es suficiente hablar de Dios en términos generales, debemos hablar específicamente lo que Dios Padre ha hecho a través de Dios el Hijo a través del poder del Espíritu Santo. Las escrituras se desbordan con la certeza de Cristo y resuenan con la iniciativa de su Reino. Abundan los conflictos en la mención de Su nombre, con muchos de los que quieren promover a Dios, pero negar a Cristo.

Si Jesucristo de Nazaret no es Dios, muy Dios, la Palabra de Dios tal como la conocemos no es un documento confiable ni una regla de fe y conducta. Este propósito fundamental no se trata de preferencia o hermenéutica sino de *"¡En ningún otro hay salvación! Dios no ha dado ningún otro nombre bajo el cielo, mediante el cual podamos ser salvos"!* Actos 4:12 (NTV).

Pedro, el gran pescador convertido en portavoz de noticias, dijo el día de Pentecostés:

> *"Si sois vituperados en el nombre de Cristo, sois bienaventurados; porque la gloria y el Espíritu de Dios reposan sobre vosotros. Cierto, según ellos (no creyentes), él es blasfemado, mas según vosotros es glorificado.* Pedro I 4:14 (RVA) *"Pero si alguno padece como cristiano, no se avergüence; antes glorifique a Dios en esta parte".* Pedro I 4:16 (RVA)

Mahoma, Buda y todos las demás dioses falsos o llamados profetas de Dios, no son ni iguales a Jesucristo ni un sustituto de Él. Jesucristo juega en una Liga propia. Un día cada persona viva o muerta inclinará su rodilla y lo llamará Señor. Si no nos inclinamos en esta vida, lo haremos en la próxima. Los embajadores en la plaza, que comprometen esta verdad no negociable en su capacidad oficial, deben ser recordados.

Tercero, los embajadores no deben rehuir el hablar sobre el pecado. Dios estaba en Cristo reconciliando al mundo consigo mismo. *"No tomando más en cuenta el pecado de la gente"*. Corintios II 5:19 (NTV) *"Pues Dios hizo que Cristo, quien nunca pecó, fuera la ofrenda por nuestro pecado, para que nosotros pudiéramos estar en una relación correcta con Dios por medio de Cristo"*. Los embajadores de la plaza no pueden predicar un evangelio sin pecado más de lo que pueden predicar un evangelio sin Cristo. El pecado es el problema en el mundo y, tristemente, en la Iglesia también. Si violas la palabra de Dios como un pecador o santo, el remedio es un pesar genuino que conduce al arrepentimiento.

Cuarto, los embajadores deben hablar de reconciliación y esperanza:

«*Esto significa que todo el que pertenece a Cristo se ha convertido en una persona nueva. La vida antigua ha pasado, ¡una nueva vida ha comenzado! Y todo esto es un regalo de Dios, quien nos trajo de vuelta a sí mismo por medio de Cristo. Y Dios nos ha dado la tarea (como embajadores en la plaza) de reconciliar a la gente con Él. Pues Dios estaba en Cristo reconciliando al mundo consigo mismo, no tomando más en cuenta el pecado de la gente. Y nos dio a nosotros este maravilloso mensaje de reconciliación*». Corintios II 5:17-19 (NTV).

El Evangelio (nacimiento, muerte, entierro y resurrección de Jesucristo) ofrece mucho más que un programa de autoayuda o una vida mejor sin transformación. Es la vida de Dios invadiendo el alma humana y dando a la gente una nueva identidad y propósito. Se trata de tener una vida abundante pero no sin el perdón de los pecados, que sólo Jesucristo puede dar. Como embajadores, levantemos fielmente estas cuestiones básicas de un solo Dios, la necesidad de Jesús, vencer el pecado y de la reconciliación y esperanza sin temor ni compromiso.

IV. La Meta del Embajador

¿Qué estamos tratando de lograr y cómo podemos medir nuestra efectividad? Nuestro objetivo es establecer una buena relación entre el Rey al que servimos y el Salvador al que amamos con sus seres queridos que están a nuestro alrededor. No es el número de personas con las que hablamos pero la fidelidad al mensaje que nos envían a dar lo que determina nuestra eficacia. Los mejores embajadores son, muchas veces, enviados a las situaciones más difíciles. Por lo tanto, la diferencia no es tanto en el jardín, sino más bien en el jardinero.

Persuasión, No Manipulación

Los embajadores siempre son enviados con espíritu de esperanza. En nuestro texto, Pablo aclara que debemos perseguir nuestro objetivo de transformación por medio de la persuasión y la invitación, al igual que insta a Tito para convencer a los que se oponen en Corintios II 5 y Tito 1. No abandones los temas de persuasión e invitación hasta que la gente se transforme. Constantemente veo embajadores de plaza tratando de enseñar y discipular personas que no han sido transformadas por la gracia salvadora y fortalecida por el Espíritu Santo.

La persuasión es más un arte que una ciencia. No importa cuán noble sea tu mensaje, cuán apasionadamente lo expreses, si no tienes capacidad para persuadir a los demás, el mensaje pasará desapercibido. Nuevamente, leemos en nuestro texto, Corintios II 5:11: *"Dado que entendemos nuestra temible responsabilidad ante el Señor, trabajamos con esmero para persuadir a otros".* (NLV).

La reina Isabel de España rechazó dos veces el pedido de Colón para que financie su viaje de descubrimiento del nuevo mundo. Sólo que él ganó la tercera vez. ¿Por qué? Él apeló a su necesidad de oro, su deseo de conquistar Japón y su intención de difundir el catolicismo.

En cambio, el perdido explorador italiano descubrió América y denominó indios a los habitantes pensando que había encontrado India. Podría decirse que EE.UU. se convirtió en una potencia mundial en lugar de Japón debido al arte de la persuasión. Según la *Retórica* de Aristóteles, si tú (ethos) eres percibido por el oyente (pathos) como poseedor de un mensaje (logos) de buena voluntad, con conocimiento de tu tema y en tu corazón, el mejor interés de tu oyente, ellos escucharán atentamente lo que tienes que decir.

Sea lo que consideres tener éxito como embajador, ese llamado depende de tu habilidad para persuadir. Jesús sabía que era verdad cuando Él lo ilustró diciendo a un grupo de pescadores: «Vengan, síganme, ¡y yo les enseñaré cómo pescar personas! Y enseguida dejaron las redes y Lo siguieron». Marcos 1:18 (NLV) ¡Eso es persuasión!

Como con cualquier cosa nueva, tienes que superar la resistencia y la falta de interés. Los embajadores son persuasivos – agentes de cambio. Debes creer en tu causa y tu mensaje. No se trata de tu presentación astuta sino sabiendo cómo dices la Palabra de Dios en la fe, el Espíritu Santo está preparando sus corazones y mentes para recibirlo. El Espíritu Santo no lo hará sin nosotros y ciertamente no podemos presentar un mensaje convincente sin Él.

Todos estamos involucrados en el arte de la persuasión. El bebé quiere ser alimentado y que le cambien el pañal. Prueba ignorar sus esfuerzos persuasivos a media noche. Los adolescentes quieren las llaves de tu auto; los vendedores quieren que les compres un producto determinado; y los pastores que estudies la palabra de Dios, pagues tus diezmos y asistas fielmente a la Iglesia. No se hace nada hasta estar convencido. Ciertamente no lo harán a largo plazo o durante tiempos de crisis, a menos que estén plenamente convencidos en sus corazones y no sólo sus mentes.

En nuestros intentos por persuadir a la gente, el oyente nunca debería sentirse manipulado. No quiero sentir que me están usando para cumplir el propósito de otra persona y tampoco los demás. Nuestros esfuerzos como embajadores no deben implicar nunca la manipulación de las personas contra su voluntad o tratarlos como otro "converso". La conversión a Cristo no es un conjunto de sentimientos religiosos. Una persona se convierte en cristiana, cuando es persuadida de la verdad del Evangelio y sobre esa base confiesa a Cristo como Salvador y Señor, no por tu presentación contundente. *"Si confiesas con tu boca que Jesús es el Señor y crees en tu corazón que Dios lo levantó de los muertos, serás salvo"*. Romanos 10:9 (NTV)

Si no tenemos cuidado, podemos manipular a la gente para decir cosas con su boca que no creen en su corazón. Abundan los abusos por inmaduros seudoevangelistas y cristianos a pura fuerza, que presionan a los no creyentes con una potente presentación del Evangelio, para lograr un compromiso sin un cambio de corazón. La gente debe entender con sus mentes, pero a menos que estén plenamente convencidos en sus corazones, no están verdaderamente convertidos.

El libro de Hechos desborda con los esfuerzos persuasivos del apóstol Pablo:

- Hechos 9:29, "... *debatió con algunos judíos que hablaban griego".*
- Hechos 17:2, *"Como era su costumbre, Pablo fue al servicio de la sinagoga y... usó las Escrituras para razonar con la gente".*
- Hechos 18:4: "*Cada día de descanso, Pablo se encontraba en la sinagoga tratando de persuadir tanto a judíos como a griegos".*
- Hechos 28, 23: *"Él explicó y dio testimonio acerca del reino de Dios y trató de convencerlos acerca de Jesús con las Escrituras".*

No estoy sugiriendo que podamos discutir con la gente para que acepten el mensaje del Evangelio y entren así en el Reino; sin embargo, nadie viene a la salvación sin una clara presentación del Evangelio en términos de lo que él o ella entienden y hecho realidad por el Espíritu Santo. Así que nuestro primer objetivo es la Persuasión.

El segundo objetivo, después de que hemos creado un sentido de urgencia a través de la persuasión, es cerrar nuestra conversación con una invitación. *"Así que somos embajadores de Cristo; Dios hace su llamado por medio de nosotros. Hablamos en nombre de Cristo cuando les rogamos: "¡Vuelvan a Dios!".* Corintios II 5:20 (NTV).

Debe haber sinceridad y pasión con persuasión. Una comprensión sobrenatural debe llenar nuestra mente con la Verdad de nuestro mensaje y nuestros corazones llenos de amor por la gente a la que Dios nos ha enviado. Sin ambos, nuestros esfuerzos como embajador tendrán poco efecto, si es que lo tienen.

Este es el misterio de compartir la palabra de Dios de manera sobrenatural. Un hombre o una mujer dice la Verdad de la Biblia y las cosas empiezan a moverse en el mundo espiritual. El Espíritu Santo alcanza los corazones endurecidos de pecado de las personas con Su palabra infalible a través de vasos ungidos y las persuade a que acepten Su mensaje de reconciliación. Es el único medio disponible que cambia los hombres perdidos en "nuevas criaturas (nuevas creaciones) en Jesucristo". Corintios II 5:17 (NTV) es la experiencia más grande que pueden tener los embajadores de Cristo.

La transformación, el hombre reformado por Dios del aliento de Su espíritu a través de su palabra, como Lo hizo en el relato del Génesis y con Sus discípulos en Juan 22: *"Entonces sopló sobre ellos y les dijo: Reciban al Espíritu Santo"*. Transforma al hombre caído a través de Su palabra, ahora hablada por Sus embajadores. ¡Qué privilegio!

> *"Que si uno murió por todos, luego todos son muertos; Y por todos murió, para que los que viven, ya no vivan para sí, mas para Aquel que murió y resucitó por ellos."* Corintios II 5:14-15 (RVA).

Asesinos del Gigante de la Plaza

Como embajadores, buscamos persuadir e invitar a la gente a aceptar el mensaje de Dios. Nunca debemos olvidar que es realmente Dios quien transforma los corazones mientras hablamos. Nuestro trabajo es despejar los arbustos para que puedan ver la cruz. Hay muchos grandes llamados pero ninguno mayor que el de embajador de plaza, entregar el mensaje de esperanza, la Buena Nueva y ver las vidas redirigidas para la gloria de Dios. Ver a la gente pasar de la conversión al discipulado y luego a los guerreros que matan a los gigantes en la plaza, es la recompensa para todos los embajadores en la plaza.

Nuestro trabajo como embajadores, debe ir más allá de que los conversos crean en Dios a formar discípulos y reproducir los gigantes asesinos. El rey Saúl no era un gigante asesino, por lo tanto él no podía producir gigantes asesinos. En el Antiguo Testamento, eran enemigos de carne y hueso. Sin embargo, como creyentes del Nuevo Testamento, tenemos sólo una batalla y es la *"buena batalla por la fe verdadera"* Timoteo I 6:12 (NTV).

"De hecho, sin fe es imposible agradar a Dios". Hebreos 11:6 (NTV) Los embajadores deben vivir y caminar por la fe. Si tuviereis fe como un grano de mostaza, conquistarán a cada adversario. Mateo 17:20 (RVA) La Palabra de Fe debe llenar constantemente nuestra boca. Cuando oramos, debemos rezar la oración de fe para que las cosas se muevan el espíritu y se manifiestan en la vida real.

No podemos enseñar y demostrar lo que no hemos aprendido y experimentado nosotros mismos. Cuando llegamos a nuestra tarea como embajadores, debemos tener fe en el gobierno que nos ha enviado y proclamar fielmente sus políticas y posiciones a que vayan más allá de la retórica. Debe derribar las fortalezas del enemigo y recuperar la tierra entregada para extender el Reino.

5
Correr a Ningún Lugar

La palabra "ociosos" encontrada en la parábola de Jesús de los trabajadores de Mateo 20:1-16, puede ser mucho más significativa de lo que originalmente se pensaba. Esta parábola enseña muchas lecciones, pero mi enfoque es la palabra *ociosos* y sus implicancias para la Iglesia actual.

Todos los ministros del Evangelio, ya sean del tipo Efesios 4:1, que son los hacedores o del tipo Efesios 4:11, los formadores, tienen responsabilidades relacionadas con la plaza en su conjunto. Los ministros de Efesios 4:1 deben ejecutar sus deberes sacerdotales con una unción regia cuando funcionan dentro de la plaza. La asignación del ministro Efesio 4:11, que no es ni más ni menos importante, es equipar esos mismos ministros para su vocación de plaza específica.

Por esta razón, todos los que han contestado el llamado de Efesios 4:1 tienen responsabilidades de plaza que van más allá de la Iglesia como organización y lugar de encuentro, incluyen los senderos y desvíos donde la gente vive y trabaja. No debería ser una cuestión de "o" en lo que respecta a dentro o fuera del ambiente de la Iglesia local, sino una cuestión de "y" si la Iglesia debe tener impacto profético donde más se necesita— en la plaza.

En la parábola de Jesús, parece que los obreros estaban más preocupados por sus salarios que su nivel de actividad. Después de 45 años estudiando la parábola de la viña y observando la plaza de primera mano, encuentro muchos ministros hoy mucho más preocupados por las finanzas relativas a la compensación por el trabajo, que la actividad basal del Reino asociada con discipular a los países.

No importa dónde ni cuándo entras a los campos, la preocupación debe estar en la cosecha de los mismos comparada con las ganancias monetarias que rodean los esfuerzos asociados. Dios resolverá el tema salario, en Su propio tiempo y según Su propia voluntad. Su remuneración es siempre justa y equitativa. Esta parábola, como otras, destaca la gracia ilimitada de Dios, en lugar de ganar el favor de Dios.

El diccionario tiene una serie de definiciones para *ocioso* como "no trabaja o no está activo; desempleados; no hacer nada; de ningún valor real, importancia o significación." La palabra griega inactivo en Mateo 20:6 es *argos y* significa: "Libre de trabajo, al ocio, perezoso y rechazo del trabajo uno debe llevar a cabo".

Debemos entender que la Iglesia nunca logrará su asignación de "discipular todas las Naciones" sin antes de tener una actividad significativa, presencia e influencia en la plaza. Mientras que muchos en la Iglesia organizada, están ociosos en la plaza, otros confunden la evangelización con hacer publicidad del Evangelio. Sencillamente no es lo mismo, pero ambos son vitales por derecho propio para expandir el Reino y hacer discípulos.

Hacer publicidad o marketing es crear un sentido de urgencia y deseo de todo lo que estás ofreciendo. La definición de la Real Academia de marketing es "Conjunto de estrategias empleadas para la comercialización de un producto y para estimular su demanda". Además, la Real Academia define a la evangelización como "predicar la fe de Jesucristo o las virtudes cristianas". La Iglesia trata de crear un sentido de urgencia para el Evangelio mediante programas al tiempo que es incapaz de cerrar el «trato» en la plaza. Jesús no sólo creaba un sentido de urgencia, sino que ganaba sistemáticamente nuevos conversos a través de su actividad de plaza.

Existen algunas excepciones, pero la mayoría de la Iglesia actual no prepara adecuadamente a sus miembros para la evangelización o no posee una estrategia clara para predicar el Evangelio del Reino en la plaza. No me extraña que la mayoría de ministros Efesios 4:1 estén ociosos en la plaza, como se refiere a la expansión del Reino, no están bien equipados para estar allí.

Cabe destacar que los líderes de tipo pastoral han dominado el mundo de la Iglesia durante los últimos 1700 años. No tienen el don para equipar los ministros de plaza para esa tarea en particular, y ciertamente no pueden hacerlo sin los otros ministros Efesios 4. Esto simplemente termina siendo una regla de "talla única" que nunca ha funcionado y nunca lo hará.

Primeras Estrategias de Plaza

En varias ocasiones, Jesús usa el término "mercado" o "plaza" sin embargo, la Iglesia es incapaz de comprender lo importante que era para Él sentar las bases para la evangelización y el discipulado. A menudo se me acusa de usar lenguaje muy empresarial cuando describo las actividades que la Iglesia debe abordar en la plaza. Mi respuesta es: "Tenga en cuenta que este movimiento llamado Cristianismo fue iniciado por el propietario de una pequeña empresa". Se negó a empantanarse en el sistema eclesiástico de Su época, y creo que hizo lo imposible para evitarlo. Jesús, Sus apóstoles y sobre todo Pablo, eran cualquier cosa menos ociosos en su plaza.

La Iglesia del Primer Siglo era cualquier cosa menos ociosa en la plaza de su día. Desde el mensaje del Día de Pentecostés de Pedro hasta la trágica muerte del primer grupo de apóstoles de la Diáspora de la Iglesia de Jerusalén, todo se trataba sobre ser activo y eficaz en la plaza.

En el siglo tercero, la preocupación institucional de las Iglesias comenzó a prevalecer sobre las oportunidades de la plaza. La Iglesia se trasladó al interior y los directivos religiosos encontraron una manera de asumir el control y mantenerlo allí. Un buen amigo mío dice que el pájaro que vuela en círculos cada vez más estrechos finalmente vuela a su propio orificio.

La convulsión siempre produce sistemas de autoprotección diseñados para mantenerte seguro y todos los demás. El trabajo de la Iglesia se volcó más a la construcción y menos a la actividad de plaza de alcanzar a los no creyentes. Nota lo que Jesús dijo en Lucas 7:31; 34:

> *"¿A qué, entonces, compararé los hombres de esta generación, Preguntó Jesús y a qué son semejantes? Son semejantes a los muchachos que se sientan en la plaza y se llaman unos a otros, y dicen: "Os tocamos la flauta, y no bailasteis; entonamos endechas, y no llorasteis."*
>
> *Porque ha venido Juan el Bautista, que no come pan, ni bebe vino, y vosotros decís: "Tiene un demonio." Ha venido el Hijo del Hombre, que come y bebe, y decís: «¡Mirad, un hombre glotón y bebedor de vino, amigo de recaudadores de impuestos y de pecadores!" (NTV)*

Jesús describía a los líderes religiosos de su época como niños sentados en la plaza quejándose el uno ante el otro. No tenían ni idea quiénes eran Juan el Bautista o Jesús o por qué vinieron. Juan se abstuvo de la plaza mientras Jesús estaba en todas partes, sin embargo, ambos fueron criticados. Si sigues leyendo, el escritor establece la idea de que "Todas estas cosas probé con sabiduría" Eclesiastés 7:23 (RVA).

En otras palabras, la sabiduría se demuestra sabia cuando la *vida* es el producto de la acción. Tanto Jesús como Juan estaban en extremos opuestos del espectro, sin embargo, ambos eran productores de vida debido a sus compromisos con la gente. Estaban en misiones específicas y ambos terminaron su curso, lo cual, por cierto, es raro entre la mayoría. Según Mateo, se podría argumentar que el fin justifica los medios de participación. No puedes justificar tus medios si tus fines no producen cambios en la vida en la plaza y más allá de ella.

Ezequiel, el Profeta, hizo grandes esfuerzos para describir las actividades de la plaza. Tiro era el centro de la actividad económica y el pueblo de Dios fue cometiendo errores. Muchas Iglesias se preocupan con publicitar lo que está pasando dentro de las paredes de sus instalaciones sin preocuparse con respecto a lo que está pasando en el mundo real. La publicidad hace muy poco para generar actividad en la plaza.

La publicidad debería ser un subproducto de la creación de un sentido de urgencia en la plaza, no la meta. Promueve todos los eventos que quieras, pero hasta que se haga un marketing directo donde más importa, la Iglesia no logrará un crecimiento sustancial y sostenible. Jesús y Pablo no pasaban el tiempo en la casa de la Iglesia. Intencionalmente iban donde se encontraban los perdidos. De ninguna manera estaban ociosos en la plaza. Usaron las reuniones de la Iglesia para su propósito, enseñanza y formar ministros Efesios 4:1 para su llamado de plaza.

La formación de discípulos debería ser un modo de vida, no un evento. La razón por la que tenemos que tener eventos evangélicos hoy es porque la gente se ha vuelto ineficaz y anticuada con respecto a la expansión del Reino de Dios en la tierra. Muchos están esperando el autobús del "Éxtasis" con sus valijas empacadas y preparados para partir. Debemos considerar seriamente las palabras del Rey Salomón: "...dormirse en la cosecha es no tener vergüenza". Proverbios 10:5 (RVC)

El marketing busca a la persona o grupo que debe ser alcanzado. La evangelización comunica el mensaje comercializado de forma que pueda escucharse. El discipulado completa la transacción. La mayor parte del tiempo, la iglesia está ociosa en la plaza porque los pastores y los maestros tienen a todos en el edificio de servicios y actividades que alimentan sus dones, pero hacen muy poco para generar actividad en la plaza. Sí, ahí está la súplica ocasional para llegar a sus amigos, vecinos y compañeros de trabajo, pero rara vez tiene prioridad.

Luego tenemos a aquellos que se llaman evangelistas pero rara vez los encuentras en la plaza compartiendo el Evangelio y afirmando la fe. La mayoría van de iglesia en iglesia como renovadores, maestros, profetas o "músiconaristas". Cualquiera con un ministerio itinerante es agrupado con la etiqueta de evangelista.

La Iglesia no sólo necesita renovaciones sino cerebro. Necesita desesperadamente enseñanza bíblica, equilibrada y sólida por aquellos llamados y ungidos para el ministerio de la plaza y la inteligencia emocional necesaria para ayudar a que la gente lo capte. Cuando la evangelización se realiza correctamente, produce actividad en la plaza—no sólo desborda multitudes en iglesias y en estadios deportivos.

Un verdadero evangelista es aquel que predica o comparte el Evangelio con aquellos que nunca lo han oído, como Felipe en Hechos. ¿Podría ser que aquellos que llamamos evangelistas y que luchan por mantener sus agendas nutridas, hayan confundido su don? Tal vez deberían hacer como el apóstol Pablo, empezar a llevar un valor a la plaza consiguiendo un empleo y dejando que Dios los use en la plaza. Los evangelistas verdaderos se apasionan por compartir el Evangelio con aquellos que nunca han oído de él. Siempre generan actividad de plaza y generalmente sin la fanfarria o un testimonio de iglesia para probarlo.

Algunos de los evangelistas más dotados ni siquiera viajan de iglesia en iglesia. Su agenda de ministerio no tiene casi ningún espacio vacío. Lo llamamos ministerio de plaza y la mayoría que encuentran su ministerio allí está bien paga. Sería mejor que la mayoría de las iglesias forme a los evangelistas que Dios les dio, sentados en sus servicios cada semana, y dejen de buscar que alguien que agite los santos haga el trabajo de evangelización y nunca usar la plaza para sí mismo.

Jesús obsequió cinco dones a la Iglesia cuando Él ascendió, y el de evangelista estaba incluido. Pablo le dijo a Timoteo, el pastor: "Haz el trabajo de un evangelista". De los cinco dones en Efesios 4, sólo uno es responsabilidad de todos en el Cuerpo de Cristo, el evangelista. Cuando la iglesia entera, incluyendo a sus líderes, tome en serio esta responsabilidad, se verá actividad en la plaza.

El objetivo debe ser los campos de cosecha de la plaza, no las bancas de la iglesia del edificio. Todo lo que se lleva a cabo en las instalaciones de la Iglesia debería girar en torno a preparar a obreros (Ministros de Efesios 4:1) para la cosecha. Lo llamamos "la Casa de Dios" porque está dedicado a Su trabajo, no porque Él viva allí. Él está allí sólo porque Él viene con nosotros cuando asistimos. Los creyentes y los no creyentes por igual parecen confundidos acerca de dónde vive Dios.

Hay demasiado énfasis en que la gente sea "activa en la Iglesia". Esto generalmente significa encontrar un lugar para servir en la Iglesia haciendo trabajo de Iglesia. No hay suficiente énfasis dado a ser la Iglesia y a hacer el trabajo de la Iglesia en la plaza. Es como tener un ejército y hacer que todos los soldados asistan al entrenamiento básico, pero nunca ir al frente o aprender a disparar un arma. La meta en ambos casos no es hacer más emocionante la formación básica, sino prepararse para las batallas que vienen. Es en la iglesia local donde se supone que debemos obtener comandos para la guerra. Ambas son necesarias pero ninguna debería ser más importante que la otra.

La mayoría de las Iglesias se encuentran inactivas en la plaza porque simplemente no saben qué hacer. Así como los trabajadores en la parábola dijeron: "Nadie nos contratará". Hay muchos obreros en los campos, pero la mayoría no tienen la conciencia espiritual de lo que está pasando alrededor de ellos porque no se les ha enseñado a escuchar.

La mayoría no está preparada, formada o entrenada durante su asignación relativa a Marcos 16 o Mateo 28. Sus vidas están divididas entre lo sagrado y lo secular dando como resultado ociosidad en la plaza. Les enseñan una mentalidad de "o" en vez de "y". La mayoría no puede ver una conexión directa entre lo que ven y escuchan los domingos y cómo se relaciona con lo que hacen en la plaza de lunes a sábado.

Los líderes y modelos de la Iglesia tradicional necesitan cambiar eso, es necesario efectuar ajustes o la plaza permanece ociosa y los obreros desempleados. El motor funciona pero el automóvil no va a ningún lugar. Jesús nos dio el modelo-isólo hazlo!

6
Lo Secular vs lo Sagrado

Dios tiene un propósito para ti y para tu negocio mucho mayor que las ganancias, los puestos de trabajo, la satisfacción del cliente o incluso las ventas. Es para glorificar al Señor de la cosecha en la plaza, tu lugar de ministerio.

Hasta que los creyentes de la plaza influyan en las tres entidades que controlan cada nación, nunca *"haremos discípulos a todas las Naciones"*, de la manera en que el Señor instruyó a Su Iglesia. Debemos infiltrar y permitir que el favor de Dios nos eleve hasta que podamos influir en la plaza, el gobierno y las instituciones educativas superiores. La iglesia, a través del modelo del ministerio quíntuple (Efesios 4:11), debe proporcionar enseñanza, formación y entrenamiento lo que se traduce en mejores discípulos y ministros de la plaza.

Debemos dejar de compartamentalizar nuestras vidas entre lo que muchos consideran la mentalidad "secular versus sagrado". Esa separación no existe en el mundo de Dios ni siquiera ha existido para ese tema. Tu vida es la integración de todas las oportunidades dadas por Dios tejidas en una vida perfecta vivida para la gloria de Dios, sin importar lo que te pagan por ello. Estas oportunidades abarcan tanto la iglesia mundial y la plaza; no hay ninguna diferencia.

Si Dios te ha llamado a la plaza, al servicio de gobierno o a la educación, debes encontrar el propósito de Dios de estar allí y hacerlo. Tu destino es marcar una diferencia para el Reino, no tener un empleo para satisfacer sus necesidades o una carrera que te prepare para la jubilación. Nuestro trabajo es lo que hacemos *mientras* cumplimos nuestro llamado, no *hasta* que cumplimos nuestro llamado, sin importar quién eres o qué haces.

Puedes encarar tu oportunidad de negocios, trabajo o plaza como un cristiano, de tres maneras. Primero, puedes verte como un cristiano en un negocio o posición secular. Segundo, puedes dirigir o trabajar en un negocio cristiano en la plaza secular; o tercero, puedes tener un negocio en el Reino o una posición relacionada con propósitos del Reino y comprometido con la expansión del Reino.

Tu negocio o posición en la plaza existe por muchas razones, pero existe principalmente para glorificar a Dios y vivir para los "Cinco Grandes" tratados en el primer capítulo.

- El Gran Mandamiento en Mateo 22:35-40, basado en el amor.
- La Gran Comisión en Mateo 28: 18-20, basado en la obediencia.
- La Gran Oportunidad en Juan 4:35, basado en el discernimiento.
- La Gran Perturbación en Hechos 1:8 y 2:4, basado en la pasión.
- El Gran Día en Tesalonicenses I 4:13-18, basado en la esperanza eterna.

El objetivo debe ser el campo blanqueado maduro para cosechar, no las bancas bien acolchadas de una iglesia local donde la fruta *ya recogida* muchas veces se sienta y se pudre. Los cristianos no deberían tener que tomar un tiempo libre o retirarse para entrar en el ministerio a tiempo completo. Mi negocio o mi posición *es* mi ministerio.

Nuestra posición en otro negocio o negocios no es nuestro ministerio total que cualquier más de mi "trabajo de iglesia", o lo que hacemos en la Iglesia local, la suma total del edificio. Debido a esta mentalidad enrevesada, muchos están tan ocupados haciendo el trabajo de la iglesia tienen el tiempo ni energía para la "obra de la Iglesia," que tiene lugar fuera de las instalaciones de la Iglesia local durante el resto de la semana.

Fundamentalmente, los términos "bivocacional" y "ministro de trabajo a tiempo parcial" son un oxímoron imposible. Deberíamos tener una vocación que sea vivida en todos los ámbitos de nuestra vida y no sólo de seis a ocho horas al día. ¿Dónde está la iglesia hoy? La iglesia está donde están Sus santuarios (tú) porque como dijo el apóstol Pablo: *"Somos el edificio de Dios"*.

Hacemos lo que hacemos independientemente de la ubicación de nuestra vocación. Debemos hacerlo a propósito, con pasión y especificidad como una extensión de quiénes somos. El ministerio debería desprenderse de la naturaleza orgánica de nuestra persona y no una tarea que realizamos por dinero. Vemos a lo largo de los relatos bíblicos esta extensión de todos aquellos a quienes Dios llamó:

«¿Adán dónde estás?"
«Moisés ¿qué haces aquí?"

Como con Gedeón, Joshua o el apóstol Pablo, debemos buscar a Dios para nuestro propósito, encontrar una voz para hacerlo y cumplir nuestro destino.

La eficacia, independientemente de su empeño o esfuerzo, trata de relaciones. La Biblia dice que toda nuestra vida, fue planeada antes de que naciéramos y nuestros pasos fueron ordenados del Señor para su servicio. Si ese es el caso, ¿cómo podemos tener partes seculares y sagradas en nuestras vidas o Iglesias? Este tipo de pensamiento ha creado en el cuerpo de Cristo más caos que comunidad que casi cualquier otra cosa. Incluso el mundo observa, y su resultado de dos caras ha hecho más daño que bien en la mayoría de los casos. Ésta nunca fue la intención de Dios — no era Su plan.

Nunca debemos olvidar lo que dice la Biblia acerca de los nicolaítas, cuando se habla de la división entre ministros de Efesios 4:1 y 4:11.

"Pero tienes esto: que aborreces los hechos de los nicolaítas, que yo también aborrezco». Apocalipsis 2:6 (RVA) "Mas tienes esto, que aborreces los hechos de los Nicolaítas; los cuales yo también aborrezco". Apocalipsis 2:15 (RVA) ¿Cuáles eran los hechos de los Nicolaítas y las doctrinas de los Nicolaítas? La raíz griega de esta palabra compuesta es *Nicho* — y *laos* "conquistar" o "contra" y "los laicos".

Un grupo de personas que pensaban que eran mejor y diferentes al resto. Específicamente, desarrollaron este concepto impío de la división entre el clero y los laicos que Dios ODIA, de la manera en que ODIA la división que es el divorcio (Malaquías 2:6):
http://www.angelfire.com/la2/prophet1nicolaitans.html

Los nicolaítas, una secta del primer siglo, se anticiparon al sacerdocio del Roma dividiendo a la gente de Dios en una relación clérigo-laica

Excelencia en el Culto y Estilo de Vida

"Jesús hace todas las cosas bien." Marcos 7:37 (RVA) Nuestra importancia, así como nuestro éxito, debería estar vinculado a un espíritu de excelencia. Obviamente hacemos algunas cosas bien e incluso algunas cosas con excelencia, pero la meta de cada cristiano es captar el espíritu de excelencia que se convierta en una forma de vida de vida excelente. Además, nunca debemos luchar para ser perfectos a través de la motivación exterior de agradar a los hombres, pero a través de un corazón humilde rápido para obedecer la voz de nuestro Maestro, admitir nuestros errores y agradar a nuestro Señor.

La excelencia es la inspiración detrás de todos los grandes líderes por la sencilla razón de que el espíritu de excelencia es la pasión interna para hacer lo mejor posible con cada oportunidad, traer gloria a Dios, independientemente de nuestra vocación en su reino.

La excelencia no es una opción o una meta, debe ser una forma esencial de la vida. Corintios I 10:31 dice: "*...lo que hacéis, hacedlo para la gloria de Dios.*" Esto no significa cumplir con un deber secular de una manera cristiana, pero por el contrario, ofreciendo al Señor *todo* lo que hacemos como una ofrenda sagrada y sacrificio al Señor, no por obligación sino por nuestra propia voluntad.

Siempre Él es digno de nuestros mejores esfuerzos, independientemente de la tarea o a quien corresponda. De alguna manera, muchos han adoptado la idea de que los ministros trabajan para Dios y los demás trabajan para el mundo y nada podría estar más lejos de la verdad.

Nuestro ministerio (negocio, trabajo o posición en la vida) debe reflejar el espíritu de excelencia. Nuestras ventas deben ser honorables y eficaces. Los asuntos financieros deben ser honestos y sin lugar a dudas. Las ganancias de rendimiento deberían ser excepcionales, que reflejen nuestro compromiso del Reino y el favor de Dios. Nuestra tecnología debe ser actual, innovadora y adecuada.

Nuestras prácticas de empleo deben ser ejemplares, mientras que el tamaño y alcance de nuestro negocio o posición de impacto es en última instancia para Dios. Sin embargo, la norma por la cual operamos y funcionamos en el fervor debe ser alta y sin compromiso. Esto es válido para trabajadores, propietarios, pastores, plomeros, apóstoles y amas de casa; no hay ninguna diferencia.

Uno de los propósitos de nuestro impacto en el negocio o el liderazgo es crear y distribuir riqueza para la expansión del Reino de Dios. La riqueza fue idea de Dios y lo ha sido desde que Él creó el mundo. Alguien dijo una vez que si la riqueza de los recursos (madera, minerales, tierras, fabricación y así sucesivamente) fuera vendida en la plaza abierta, haría que cada persona en este planeta fuera seis veces multimillonario. Dios creó al valor y riqueza en la creación y Él da a Sus hijos el poder para ganarla, usarla para establecer Su pacto y extender Su Reino en la tierra (Deuteronomio 8:18). Muchas personas creen en Dios por milagros cuando Él dice: «¡Vamos a trabajar!"

Las palabras hebreas para el trabajo y la adoración son muy similares. Del propósito de Dios era que nuestro trabajo fuera nuestra adoración y nuestra adoración fuera nuestro trabajo. Adoración, por su definición, debe ser más que una canción que ofreció en la casa de la Iglesia local o a puertas cerradas.

La adoración es un estilo de vida según lo sugerido por Pablo en la carta a los Romanos. Vivir la perfecta (madura) voluntad de Dios en nuestra vida cotidiana (fuera del edificio de la Iglesia local) se convierte en nuestro razonable acto de adoración a Él (Romanos 12:1-2). Muchos de nosotros han sido engañados creyendo esto sólo puede ocurrir en un "culto" dirigido por un líder de alabanza cualificado o un pastor, pero esta línea de pensamiento nos priva de la belleza de una vida Santa, como dice el salmista en el salmo 29, "Culto a Jehová en la hermosura de la santidad". (RVA)

La Teología del Trabajo y los Negocios

El pasaje de Génesis 1:26-31 proporciona una teología fundamental para el trabajo y negocio que merece toda nuestra atención. El negocio nunca debe ser un medio para un fin. Adán y Eva tuvieron la tarea de gestionar la creación de Dios después de las instrucciones para "someter" y "hacer uso de ella," que nos enseña que Dios siempre trata de crear valor y llenar las necesidades. Esto debería hacer que expandas el potencial que Dios ha puesto en ti, así que puedes determinar tu propio valor dentro de la plaza. A Adán y Eva no sólo se les dieron las responsabilidades de gestión, iban a (dominar) toda la creación de Dios. Su potencial de liderazgo fue crear un futuro brillante para toda Su creación y no sólo para ellos mismos.

En Génesis 1:31, Dios decreta toda su obra "buena" y por lo tanto valiosa para que todos puedan disfrutar. Fue sólo *después* de la caída que la humanidad corrompe todo, incluyendo el modelo de negocio original de Dios. Dios no condena el negocio, sólo a los corruptos empresarios. ¿Por qué Dios incluiría un modelo de negocio en la creación, si Él no pretendía que el hombre lo usara? El modelo de negocio era el diseño original de Dios para las funcionalidad humana, dentro de un sistema de intercambio de bienes y servicios.

Primero, crear riqueza como un medio de brindar a los ciudadanos del Reino, llamados a la construcción del Reino y su expansión. Él podría haber proporcionado un flujo constante de milagros y provisiones, por ejemplo: cuervos, vasija de aceite, maná en el desierto, agua de una roca, convertir agua en vino, dinero en boca de un pez y alimentar a 5.000 hombres además de esposas e hijos de la comida de un niño.

En cambio, prefirió que la gran parte de Su provisión para la humanidad fuera a través de los medios naturales de trabajo (el modelo original de siembra y cosecha), que se supone es nuestra adoración a Él, no una servidumbre para evitar o retirarse. Muchos evitan el trabajo simplemente porque no entienden su propósito dentro del esquema del Reino de Dios.

Segundo, los negocios crean relaciones mediante las cuales Dios puede mostrar y demostrar su gracia en y a través de las vidas de aquellos dedicados a Él. Los ministros Efesios 4:1 (aquellos que viven sus vidas dignas del llamado general) muchas veces son capaces de estar en lugares donde los ministros Efesios 4:11 (aquellos dotados para equipar con la convocatoria general al mundo aunque no mejor que ellos o más especial) no pueden ser bienvenidos, dotados o llamados a servir.

Tercero, el negocio era parte de la Iglesia del Nuevo Testamento. Cuando entiendes que el Espíritu Santo no fue enviado para ser un dispositivo ahorrador de trabajo, sino más bien un socio que favorezca el trabajo, el mismo adquiere un significado completamente nuevo. Lidia, la comerciante en Hechos 16, fue la beneficiaria del ministerio del Espíritu Santo en la plaza como Jaime y Juan los pescadores, Lucas el médico y el apóstol Pablo. De hecho, creo que ministerio de Pablo nunca despegó hasta que él creó el valor en la plaza con Priscilla y Aquila en Hechos, capítulo 18.

Cuarto, Jesús fue un pequeño empresario casi toda su vida y Él reclutó de la plaza a Su primer equipo para la evangelización mundial. Seis mujeres emprendedoras proporcionan la mayor parte de la ayuda para su ministerio itinerante de tres años y medio como declaré dentro de la premisa de este libro. La iglesia de hoy sólo verá el impacto en la plaza, gobierno y educación en proporción directa al valor que traen a las arenas de manera consistente. El impacto proviene de los líderes Efesios 4:1 desarrollados por líderes de Efesios 4:11 en discípulos de Cristo: llamado, comprometido y facultado como "Constructores del Reino" cumpliendo su llamado divino siete días a la semana.

A menudo me preguntan sobre qué creo que es el obstáculo número uno para la evangelización mundial. Después de cuatros décadas de ministerio en la iglesia y la plaza, respondo sin dudar, que la división que los hombres han creado entre el clero y los laicos, sagrados y seculares, a tiempo completo y a tiempo parcial. Esta clasificación es la mentalidad de muchos cristianos y líderes tradicionales de la iglesia y, de hecho, en el plan del acusador de los hermanos. Ninguna de estas clasificaciones es bíblica o reconocida por el Espíritu Santo. Incluso un somero estudio y comprensión elemental de la escritura, revela la intención original de Dios y el continuo deseo de un reino de sacerdotes, entregando el Evangelio con fervor de Espíritu Santo a todo el mundo, resultando en el discipulado de naciones enteras. Nota: Pedro I 5 y Apocalipsis 2.

Necesitamos desarrollar una teología bíblica para el ministerio, donde Cristo sea el Señor de la plaza que está conformada por empresas, gobiernos y educación, no sólo por la Iglesia organizada. ¿Puedo decir que Cristo no es realmente el Señor de muchas iglesias locales? Eso puede ser el motivo de que Él no sea el Señor de los ámbitos de la plaza, la educación y el gobierno donde su Iglesia está situada 90 por ciento del tiempo.

En Efesios 4:1 dice: *"Por lo tanto, yo, prisionero por servir al Señor, les suplico que lleven una vida digna del **llamado** que han recibido de Dios, porque en verdad han sido **llamados**."* (NTV). Yo creo que esto se aplica a todos los ministros, no sólo los de la estructura de la iglesia; aquellos con dones Efesios 4:11, llamados de todos los ministros llamados para el equipamiento de ministros Efesios 4:1 para la obra del ministerio donde Dios los ha colocado, no sólo para el trabajo de la iglesia donde asisten. Comprendes esto mejor cuando contextualizas los *"Santos"* de Romanos 1:7, porque establecieron el patrón de Romanos 12:1-2 y Efesios 4:

Todos los llamados ministros fueron "... criados en Cristo Jesús para buenas obras, las cuales Dios preparó para que anduviésemos en ellas". Efesios 2:10 (RVA). Las implicaciones deberían ser obvias. Primero, estaban preparados de antemano sin la entrada o la aprobación del hombre. Segundo, son para que nosotros hagamos y no sólo nos conozcamos y hablemos.

Tercero, Él ha dado a todos los ministros llamados lo necesario para la vida y la santidad y no sólo para unos pocos. Debido a este hecho, no deberíamos detenernos en la enseñanza del sacerdocio de todos los creyentes y la necesidad de un sacerdocio completamente fortalecido en la esfera pública donde muchos cristianos viven sus vidas y donde se libran las batallas más grandes del Reino. Permítanme elaborar tres principios específicos, que son: tu ministerio no debería ser bivocacional; tu negocio o posición del Reino debe tener un propósito y ser intencional; y tu negocio debe ser una empresa relacional.

I. *El ministerio no debería ser bivocacional.*

Toda la vida es sagrada para el cristiano. Alguien dijo una vez: "¿Cuándo está un pájaro glorificando más a Dios, cuando vuela, cuando canta o cuando ora?" Respuesta: lo que glorifica más a Dios más no es la esencia de la actividad que hacemos sino si es lo que Él quiere que hagamos ahora.

Tu vocación es para lo que fuiste diseñado a ser. Todos los cristianos tienen un destino marcado por Dios pero pocos lo saben o entienden de qué se trata. Romanos 1:7 dice: "*A todos los que estáis en Roma, amados de Dios, llamados a ser santos...*" Literalmente: "santos" significa "ser santificados".

Cada cristiano es consagrado y apartado para el propósito y llamado de Dios. Combina esto con Romanos 8:28, "*... llamados conforme a Su propósito*", y tienes una fórmula para comprender mejor la idea de que tienes un llamado. Debemos permanecer enfocados en el uso ilimitado del llamado de Dios y no la aplicación limitada que viene con el modelo actual de ministerio. Todos los cristianos, por definición son *llamados* cristianos, o no son cristianos en absoluto. Ser santificado, santo y aceptable no es el llamado o el estado de unos pocos selectos creyentes "especiales", sino el mandato para todos en el cuerpo de Cristo.

El llamado es siempre por y para algo, no simplemente una línea en tu tarjeta de visita o algo para obtener un mejor lugar para aparcar. Ese algo es tu destino, no sólo tu servicio al Cuerpo de Cristo y testigos en la plaza. En consecuencia, tu destino será siempre más grande de lo que eres, e inevitablemente durará toda tu vida. Si no, tal vez lo que tienes es solamente una posición, título, negocio o un desarrollo desapasionado que llamas trabajo. Cada vocación es tan significativa como cualquier otro llamado.

La idea de grados o niveles de llamado son un caldo de cultivo para la depresión, la división y el orgullo. Por esta razón Pablo instruyó a los creyentes inmaduros en su primera carta a los Corintios para que no se compararan entre sí. Si Dios te ha llamado para negocios, gobierno o educación, ningún otro llamado sería un ascenso, sino un paso hacia abajo. Después de todos estos años, todavía estoy intentando entender qué quiere decir la gente cuando dice que dejan su trabajo para un "ministerio de tiempo completo".

II. *Tu negocio o posición en el Reino debe tener un propósito y ser intencional.*

El llamado de tu vida debe tener propósito y un sentido de misión más allá de obtener una ganancia y consumir más bienes terrenales. Dios es un Dios de propósito. Todo lo que hizo, lo hizo a propósito. Las escrituras que apoyan esta premisa son varias: Génesis 1:26, Jeremías 29: 11, Romanos 8:28-29 y Efesios 1:11, sólo para nombrar unas pocos.

Tu negocio existe para glorificar a Dios, no a ti. Existe para contribuir a las actividades de construcción importantes del Reino que apoyan Su propósito y no sólo tu ambición personal. Si eres propietario o empleado, tus esfuerzos deben traer gloria a Dios primero. La idea del hombre de negocios es simplemente ganar riqueza y controlar a los otros. El hombre no ha creado negocios, Dios lo hizo. Dios instituyó con el propósito Divino de edificar la humanidad, así finalmente traer gloria a su Creador.

¿Cómo descubriste el propósito del Reino de Dios para tu negocio? Mira y aprende de las escrituras con las directivas sobre cómo hacer esto. Primero, debemos someternos a Dios y a aquellos a quienes Él les dio la autoridad sobre nosotros, no para gobernar sobre nosotros, sino para ser "ayudantes" de nuestra alegría. Entonces Dios revelará Su voluntad para que actuemos en consecuencia y entendamos los siguientes tres conceptos voluntariamente.

A. Su propósito revelado en Su Palabra.

"Las cosas secretas pertenecen a Jehová nuestro Dios: mas las reveladas son para nosotros y para nuestros hijos por siempre, para que cumplamos todas las palabras de esta ley». Deuteronomio 29:29. (RVA)

"Oh hombre, él te ha declarado qué sea lo bueno, y qué pida de ti Jehová: solamente hacer juicio, y amar misericordia, y humillarte para andar con tu Dios». Miqueas 6:8. (RVA)

"Toda la Escritura es inspirada por Dios y es útil para enseñarnos lo que es verdad y para hacernos ver lo que está mal en nuestra vida. Nos corrige cuando estamos equivocados y nos enseña a hacer lo correcto. Timoteo II 3:16-17 (NTV)

«Mediante su divino poder, Dios nos ha dado todo lo que necesitamos para llevar una vida de rectitud. Todo esto lo recibimos al llegar a conocer a Aquel que nos llamó por medio de su maravillosa gloria y excelencia. Estas promesas hacen posible que ustedes participen de la naturaleza divina y escapen de la corrupción del mundo, causada por los deseos humanos». Pedro II 1:3-4 (NTV)

B. El conocimiento de que la voluntad de Dios para tu negocio se revela cuando Él sabe que estás listo,

dispuesto y obediente a Su palabra, Su voluntad y Su camino, no sólo comprometido a ser un buen empresario.

Dios no revelará Su voluntad a aquellos que quieren saber qué es antes de decidir si quieren hacerlo. Deben seguir un camino claro en el cumplimiento de destino de Dios para su vida y ministerio, que es entrega sin reservas, revelación a través de Su palabra y la claridad del próximo paso. Es obediencia sin lugar a dudas, lo que determina la manifestación de Su voluntad de llegar a tiempo.

Este fue el argumento de Pablo en Romanos 12:1-2. Debemos entender la voluntad general de Dios para la humanidad y Su voluntad específica para nuestra propia vida. Debemos rendirnos y recibirlo con pasión. Cuando atravesemos este proceso (no es un evento), cambiaremos y cumpliremos no sólo a Su imagen sino también Su voluntad. Tendremos entendimiento, sabiduría y conocimiento a través de las oportunidades y experiencias que sólo Él puede proporcionar.

Nuestros pasos son ordenados por el Señor, no son ocurrencias aleatorias sin propósito. No somos víctimas de las circunstancias sino que somos más que vencedores por medio de Él. Muchos confían en Dios para los servicios de la iglesia, pero intenta hacerlo por tu propia cuenta en tus negocios, trabajo o posición del Reino.

C. Los propósitos, planes y voluntad de Dios se entienden espiritualmente.

Los propósitos, planes y voluntad de Dios no siempre tienen sentido para la mente natural o se sienten cómodos para la carne. Si quieres saber qué es la *"esperanza de su vocación"* para su vida y negocios, desarrolla las siguientes disciplinas en tu diario caminar.

Primero, ora. La oración no es tanto un problema de posición sino la actitud de tu corazón. La oración no es un esquema que utilizamos para hacer que Dios nos permita salirnos con la nuestra. No es una herramienta que usamos para crear un resultado particular, más bien un medio de comunicación con el Padre.

Tampoco es un grito para tratar de llamar la atención de Dios e informarle sobre nuestra situación como si Él no supiera. No es un monólogo donde una persona es la única que habla. Cuando oramos, entendemos, no sólo la voluntad de Dios sino también Su corazón. Lo que viene *de* nuestro corazón siempre va a Su corazón. Lo que viene de nuestra mente rara vez alcanza el techo.

Segundo: leer, estudiar, memorizar y confesar la Palabra de Dios por las razones correctas. Vivir una vida saturada por la Palabra de Dios. La verdad de la Palabra de Dios no sólo te libera del pecado, sino que también te libera para entender el propósito y plan para tu vida y los negocios de Dios. Los hechos de la vida son verdaderos, pero no siempre son la Verdad.

La Verdad siempre reemplaza a los hechos. No es "conocerán los hechos y los hechos os harán libres," sino *"conoceréis la verdad y la verdad os hará libres".* Juan 8:32 (RVA) Una cosa es liberarse (un evento) del pecado y de sus efectos, pero otra distinta es liberarse (un proceso) para conocer el corazón de Dios y todo lo que ha planeado para nosotros antes de que siquiera naciéramos.

Tercero, estar con las personas del balcón y evitar las personas del sótano. La gente del balcón tiene una vista elevada de la vida. Pueden ver un largo camino y mirar por encima de un montón de cosas desde esa perspectiva. La gente del sótano no puede ver muy lejos; el punto de vista está desordenado con las cosas que les impide ver lo que

Dios tiene para ellos, incluyendo sus seres queridos y sus oportunidades de plaza.

La solución: encontrar algunas personas del balcón con una perspectiva de negocios del Reino, que conozcan su vocación y utilizar sus negocios para extender el Reino de Dios. No encuentras estas gente si estás en el sótano, ya sea en la Iglesia o la plaza — ambos lugares tienen sótanos que debes evitar.

Cuarto, ser lector. Los lectores son líderes. Mantente informado sobre lo que está sucediendo a tu alrededor, en tu mundo y el resto del mundo. Los hijos de Isacar *"eran expertos en discernir los tiempos y sabían qué hacer"*. Dios está trabajando en todas partes todo el tiempo y quiere que sepas lo que Él está haciendo, por qué y cómo tú y tu ministerio de plaza deberían participar.

Quinto, llevar un diario. Todos los grandes líderes son escritores, aunque no sean publicados. Registran los eventos y actividades significativos de sus vidas. Poner tus pensamientos en papel ayuda a cristalizar lo que Dios te dice y revela cómo te sientes al respecto.

Sexto: tener una misión personal, visión y valores. Si no entiendes el propósito específico de Dios y plan para tu vida y cómo estos enunciados te ayudan a cumplir el destino que Él ha planeado para ti, nunca serás todo lo que puedes ser y lograrás todo lo que Él ha planeado.

Puedes tener un nivel de éxito si trabajas duro pero nunca tendrás una trascendencia real. Eso sólo viene a través de una estrecha relación con tu Rey. El éxito es lo que el hombre dice de ti. La trascendencia es lo que Dios revela a los demás acerca de quién eres realmente.

III. *Tu negocio debería ser una empresa relacional.*

Un maravilloso amigo mío tiene una declaración que se ha convertido en el mantra de su vida y su negocio de consultoría: *"Las relaciones son primarias, no instrumentales»*. El liderazgo y ministerio (tu negocio) trata de relaciones. El uno no puede tener éxito sin el otro. Sin embargo, debe ir más allá de los productos, bienes y servicios si debe tener impacto en el Reino. Las escrituras son claras acerca de la importancia de construir relaciones en círculos ampliados y esferas de influencia, conocidas hoy como la red.

Desde el principio, Dios creó la humanidad para el compañerismo y la relación con Él y con su prójimo. De todas las naciones, convocó a Israel por esta misma razón — para formar una relación con Él y luego extenderla a los demás. Él las creó para tener una relación de pacto especial con Él. Todos los creyentes son llamados de las tinieblas e injertados en la familia de Dios con el propósito de relación.

Pocas cosas de valor significativo se logran más allá de relaciones reales y honestas. Aquellos que te sirven y a tus intereses de negocios, deben responder a algún tipo de relación contigo. Si no personalmente, por lo menos a la visión que has establecido. Si no es así, les has fallado como líder. Aquellos con oportunidades surgidas de malos relacionamientos no serán tan productivos como podrían haber sido.

Las relaciones son no sólo verticales y horizontales; deberían ser círculos cada vez más abarcantes. Deberían incluir familiares, amigos, competidores e incluso enemigos (los enemigos te ayudan a mantenerte concentrado). Las relaciones son fundamentales para la vida —las tenemos queramos o no, y por lo tanto, siempre deberíamos esforzarnos en mejorarlas. Las relaciones familiares son diferentes porque no las elegimos, pero debemos esforzarnos en desarrollarlas en momentos revitalizantes cuando podemos.

Las relaciones de pacto van más allá que cualquier otro tipo. La mayoría se desarrolla a través de los propósitos divinos como David y de Jonathan, pero todas las relaciones de pacto se basan en amistades que están más cercanas que la familia — "El hombre de muchos amigos se arruina, pero hay amigo más unido que un hermano". Proverbios 18:24 (NVT) debido a la naturaleza de las relaciones "reales", tienen el poder para ofrecer oportunidades de Reino cuando es visto por otros.

La propagación del Evangelio nunca pasa efectivamente a través de organizaciones y esfuerzos institucionales, sólo a través de esfuerzos individuales de los miembros de esas organizaciones. Es cuando vivimos nuestra fe, a través de estas relaciones *auténticas*, que los propósitos y actividades divinas comienzan a suceder.

La gran Comisión también se trata de las relaciones. No puedes acercar personas a ti, ganarlos para Cristo y formarlos para ser discípulos sin que sean reales (auténticos), relacionales y relevantes. Si diriges un negocio exitoso y significativo, entiendes la importancia de las relaciones reales con tus líderes principales, jefes de equipo, proveedores, clientes y partes interesadas.

De esta manera, todo lo relacionado al Reino también es relacional. Desarrolla relaciones con la gente, no sólo por motivos de negocios, sino también con el propósito de ganarlas a Cristo y ayudarlas a ser mejores seguidores — o discípulos. Encontrarás que cuando la relación es la meta, y no los estás llevando a la iglesia, generalmente tendrás la oportunidad de invitarlos a un esfuerzo cristiano como resultado. Todo el mundo quiere comprar, pero nadie quiere ser vendido.

¿Y ahora qué? Comunica la verdad que el Espíritu Santo ofrece inspiración y dirección. Enseña, forma y entrena a nuevos creyentes a niveles más profundos de la vida y efectividad del Reino. Equipa a los creyentes maduros para el trabajo de la Iglesia, ayudándolos a desarrollar sus talentos y dones dados por Dios.

Finalmente, suelta a los entrenados, equipados y habilitados para sus tareas del Reino. La ubicación de la tarea no hace diferencia ya sea la asignación en un negocio, gobierno o aula de enseñanza superior. Tu posición profesional o empresarial *es* tu vocación. No permitas que tú mismo u otros devalúen tu vocación. Permite que Dios te utilice, a tu empresa y tu influencia para fortalecer y extender Su Reino donde quiera que te encuentres.

7
La Gran División

¿Por qué usamos términos no bíblicos para referirnos a las divisiones artificiales de los cristianos, tales como el llamado, el no llamado, a tiempo completo, tiempo parcial, bivocacional, etc.? Alguien me preguntó hace unos años la principal razón del retraso de la evangelización mundial y ver discipuladas a naciones enteras. Sin dudarlo respondí: "La tradición no bíblica de dividir los creyentes en clero y laicos y formar un sistema de clase de ministerio".

Muchos profesionales de la iglesia están desinformados sobre los términos clero y laicos, cómo empezaron y la forma en que han contribuido a la ociosidad en la plaza. Si verdaderamente crees y practicas el sacerdocio de todos los creyentes, como enseña la Palabra de Dios, eliminarás estos términos y a la confusión que han causado. Estos términos y sus implicaciones son viejas tradiciones promovidas ampliamente en todo el mundo de la iglesia y no desaparecerán fácilmente.

Sin embargo, si se elimina la ociosidad en la plaza, deben desaparecer. Las palabras raíz para estos términos se encuentran en el Nuevo Testamento, pero cómo se han utilizado desde el siglo III, no se encuentra en el Nuevo Testamento.

Clero y Laicos

La palabra española "clero" tiene sus raíces en la palabra griega "kleros". Significa "mucho o una herencia". En Pedro I 5:3 se exhortan a los ancianos no enseñorearse sobre "los lotes", refiriéndose a todo el rebaño de Dios. Ninguna parte del Nuevo Testamento utiliza cualquier forma de "kleros" para designar una clase aparte de los líderes de ministerio. En su lugar, usa el término "clerou" encontrado en Colosenses 1:12 y Hechos 26:18. Los santos, que son el cuerpo de Cristo, son vistos como un todo colectivo, la herencia de Dios en todo el Nuevo Testamento. Hemos hecho mucho daño en la iglesia y creado la ociosidad en la plaza haciendo referencia a una clase separada de gente como el "clero". Esto inadvertidamente excluyó a todo el mundo de las ideas de eficacia y responsabilidad cuando se trata del Reino.

La palabra española "laico" tiene sus raíces en la palabra griega "Laos", que significa gente de Dios. La palabra griega "Laikos" que significa "laicos" no se encuentra en el Nuevo Testamento para nada. Independientemente de qué título eliges utilizar, el ministro, obispo, anciano, diácono y pastor dentro del cuerpo de Cristo son *todos* los «Laos», el pueblo de Dios. Sin embargo, hay una leve diferencia entre los ministros Efesios 4:1 y los ministros Efesios 4:11 como ya comentamos.

Dónde Comenzó

¿Dónde y cuándo comenzaron estos términos? La mayoría de los historiadores están de acuerdo que comenzó cuando Constantino se convirtió en emperador de Roma alrededor de 325-50 AD. Compró su camino a la iglesia cuando vio que la iglesia no podía ser derrotada. Así se unió y o comenzó o reforzó grandemente la división clero-laicos y ha sido un obstáculo profundo desde entonces.

El clero designó un número limitado de individuos ordenados así dando forma a la idea de "especial". Fueron apartados para manejar los elementos litúrgicos y los programas de la iglesia respectivamente. Cuando los individuos son apartados, por consecuencia se hace a un lado a los demás. Creo que esto contribuyó en gran medida a que la iglesia se predispusiera al fracaso, no sólo dentro de sus propios muros, sino también en la plaza.

Con cualquier marca de fábrica o compromiso con un modelo litúrgico del ministerio, sin importar cuán pequeño sea ese compromiso, se convierte en un factor que contribuye a la ociosidad en la plaza y una disfunción en el modelo. Una de las peores doctrinas de este modelo de iglesia es que cuando no hay presente ningún clero, no puede haber ninguna distribución de los sacramentos (agua de bautismo, comunión) o clara presentación del Evangelio.

Ignacio (110 d. c.) probablemente fue el primero en distribuir este modelo de iglesias como se ve claro en sus escritos:

> *"Porque cuando sois obedientes al obispo como a Jesucristo, es evidente para mí que estáis viviendo no según los hombres sino según Jesucristo, el cual murió por nosotros, para que creyendo en su muerte podamos escapar de la muerte». Es necesario, por tanto, como acostumbráis hacer, que no hagáis nada sin el obispo, sino que seáis obedientes también al presbiterio, como los apóstoles de Jesucristo nuestra esperanza; porque si vivimos en El, también seremos hallados en Él.*

> *Y, del mismo modo, los que son diáconos de los misterios de Jesucristo deben complacer a todos los hombres en todas las formas. Porque no son diáconos de carne y bebida sino siervos de la Iglesia de Dios. Es propio, pues, que se mantengan libres de culpa como si fuera fuego".* (Carta a los Tralianos 2:1-3 [A.D. 110]).

> *"De la misma manera, que todos respeten a los diáconos como a Jesucristo, tal como deben respetar al obispo como tipo que es del Padre y a los presbíteros como concilio de Dios y como colegio de los apóstoles. Aparte de ellos no hay ni aun el nombre de iglesia.*

> *Y estoy persuadido que pensáis de esta forma; porque he recibido la muestra de vuestro amor, y la tengo conmigo, en la persona de vuestro obispo, cuyo comportamiento es una gran lección, cuya mansedumbre es poder; un hombre a quien creo que incluso los impíos prestan reverencia".* (ibíd. 3:1-2).

Casi nada de los modelos actuales de la iglesia y dirección eclesiástica existía en los primeros 300 años de la existencia de la Iglesia. Sin embargo, el Evangelio fue capaz de difundirse a través del mundo conocido mediante la evangelización de la plaza. El hecho de que estos términos existen y son continuamente promovidos demuestra un total desprecio por lo que Jesucristo tenía en mente para la función de evangelización y la iglesia mundial.

Esto no sólo socava la exactitud canónica de las escrituras sino que también crea una mentalidad secular en el noventa y cinco por ciento de los colaboradores, produciendo ociosidad en la plaza. Esta mentalidad no sólo golpea en el corazón del sacerdocio de todos los creyentes por los que Jesús pagó, sino que también reduce la efectividad en la plaza global.

Desde Constantino, la división clero-laicos creció lentamente a través de los siglos hasta aferrarse firmemente durante la mayor parte de la iglesia mundial en el presente. Ahora los herejes y los radicales son los que creen, predican y practican el sacerdocio de todos los creyentes con pocas excepciones. Actualmente, la mayoría de las escuelas bíblicas, colegios y seminarios enseñan y dan ascenso mental al sacerdocio de todos los creyentes, pero funcionan en el sistema artificial litúrgico como forma de vida.

La mayoría de las instituciones que proporcionan entrenamiento para futuros líderes de la iglesia, están dominadas por dos de los dones de la ascensión de Cristo en Efesios 4: pastor y maestro. Así como el relato de Génesis nos enseña que todo se reproduce según su especie, los seminarios hoy no están exentos de este principio. Ningún líder puede enseñar, formar y entrenar, sólo pueden reproducir lo que son. Lo que Dios te ha hecho es lo que tú reproducirás. No puedes reproducir lo que no eres. Los pastores y maestros producen otros pastores y maestros sin importar el plan de estudios que usan y las oportunidades de aprendizaje que proporcionan. Puedes enseñar la teoría, pero sólo reproduces quien eres a través de la capacitación en el trabajo.

Los pastores y maestros no pueden reproducirse y desarrollar apóstoles, profetas y evangelistas. Cada persona que Dios obsequia con un don de ascensión Efesios 4 puede y debe desarrollar a otros que tienen el mismo don, pero son subdesarrollados e inmaduros. Los dones de cualquier tipo no vienen totalmente desarrollados. Es ingenuo y a menudo peligroso permitir que las personas operen en un don en el que no están maduras o carecen de formación.

Otra tragedia que esta división del clero-laico crea es en el mejor de los casos, desánimo y en el peor, total agotamiento en personas que intentan satisfacer expectativas imposibles para el rol de pastor, especialmente cuando carecen del don necesario para ese llamado. El éxito y la trascendencia en el ministerio no vienen por títulos, posiciones, seminarios o formación cuando se trata de fluir en un área en la que no tienen ese don. He oído decir: "Prefiero quemarme en vez de oxidarme". Ambas afirmaciones carecen de sabiduría, son emocionalmente inmaduras y constituyen modelos pobres para ministros nuevos, sin importar el llamado.

Desgaste Ministerial

Puedes desgastarte con un don dado por el Espíritu Santo porque las expectativas no cumplidas todavía traen las desilusiones más grandes de la vida. El desgaste viene por tratar de cumplir con tus expectativas irrazonables y las de otros a través de la sabiduría humana y los modelos erróneos de operación. Las expectativas de Dios de nosotros nunca son más de lo que podemos soportar. La palabra de Dios lo garantiza. Nunca superas la falta de un don a través de formación, seminarios, grados de seminario o más beneficios. O lo tienes o no.

Si tienes un don quíntuple, el que lo sabe aparte de ti es porque también lo tiene. Si no tienes un don quíntuple, fingir no ayudará. Muchos ministros hoy tratan de disimularlo hasta que lo logran pero nunca lo logran y el cuerpo sufre con este experimento. Trabajar más duro no solucionará este problema. Como tampoco lo hará el orar más. Cambiar de lugares no te ayudará superar este dilema aunque puede aliviar a la iglesia local de tener que pasar por el reto de solucionar el problema.

Sométete a una persona sabia "sobre usted en el Señor" Hebreos 13:7 y 17 y conténtate con lo que *eres* y *no eres* de una vez. Saber quién eres es genial, pero saber quién eres no es lo más importante para ti *y* para tus oyentes. Dios tiene un lugar para ti donde te ajustarás como una mano en un guante. Él te ha formado para ese lugar y sólo ese lugar.

Si estás frustrado, incumplido y luchando, puedes estar seguro que todos los que te rodean también. Debemos recordar las palabras de Pablo: "Pero Dios ha colocado a cada miembro dentro del cuerpo, ya que esto *Le* ha complacido". Muchos no están complacidos con Su decisión y tratarán de evitarla, pero esto no es útil ni saludable para cualquier persona.

"Clérigo," "pastor", "ministro superior", cualquier término que utilices, viene con las expectativas de que tienes toda la responsabilidad y todas las respuestas. Estás compensado para hacer lo que sea necesario para que el ministerio crezca. Si el presupuesto lo permite, contratas a más profesionales "para hacer el Ministerio". Los laicos, si tienen tiempo, están ahí para ayudar a que los ministros Efesios 4:11 cumplan su llamado. Esta estrategia es falsa.

Desgaste, moral decadente, divorcio, adicciones y suicidio son comunes entre los ministros Efesios 4:11. Las estadísticas son increíbles en un grupo que llamamos clero.

Dios nunca quiso un grupo para llevar toda la responsabilidad por Su trabajo y que el resto ayudara si su horario y el tiempo lo permitían. El actual sistema eclesiástico necesita desecharse a favor del mandato bíblico en Corintios I 12:14 "... *el cuerpo consta de muchas partes, no de una sola parte...*" (NTV)

Este cambio, si viene, se producirá lentamente. Los que tienen más que perder se tornan en defensores de un sistema que no puede ser apoyado bíblicamente y así se convierten en los principales contribuyentes a la ociosidad en la plaza. Los campos tradicionales, clérigos y laicos, deben estar dispuestos a asumir la crítica que acompaña cualquier cambio de paradigma.

Ambos grupos deben liderar el camino a las acciones que produzcan un ministerio de plaza como Jesús previno. Los laicos ociosos, de mentalidad secular deben convertirse en los ministros Efesios 4:1 que Dios propuso originalmente. Deben cambiar de *sólo* tener un trabajo o una carrera a ser los embajadores del Reino con un apasionado destino dado por Dios.

Títulos Lisonjeros

Muchos en el campo del clero en los últimos cinco años han compartido su vacilación conmigo sobre los cambios sustanciales. Algunos tienen un absoluto temor a perder su condición mientras que otros temen perder honor, influencia o la capacidad de conducir si los que no son del clero se unen a las filas de los llamados al ministerio real y ya no sirven solamente en roles de apoyo.

Sin embargo, esto es un miedo injustificado. Si somos verdaderos embajadores, entonces debemos abandonar los pasillos del ministerio retorcido y auto-enfocado diseñado para promover y proteger a uno mismo y entrar en el mundo real del ministerio de Jesús y Sus discípulos. Debemos actualizar la brecha hermenéutica por la relevancia, pero debemos abandonar lo que no está funcionando.

Si te preocupas por perder tu influencia de liderazgo porque cambia tu título, ahora tienes poca, si es que alguna, influencia. Tu capacidad de liderazgo no está ligada a tu título o posición, ya sea fueras elegido, designado o heredado. La autoridad del título nos está matando así como también lo hace en los EE.UU. corporativos. La autoridad no es más que el fruto de responsabilidad dentro del área de especialización que te dio Dios. Cuanto más elevado estás en el Reino, simplemente significa que tienes un cubo de limpieza más grande.

Tu capacidad para liderar eficazmente y con honor se debe a tu don de Dios y no tu capacidad, ni tu título en tu escritorio y puerta o tu certificado en la pared. "Pues si intentara usar la adulación, pronto mi Creador me destruiría." Job 32:22 (NTV). La escritura es clara en Hebreos sobre aquellos que están sobre nosotros en el Señor:

> *"Acordaos de vuestros pastores, que os hablaron la palabra de Dios; la fe de los cuales imitad, considerando cuál haya sido el éxito de su conducta. Obedeced a vuestros pastores, y sujetaos a ellos; porque ellos velan por vuestras almas, como aquellos que han de dar cuenta; para que lo hagan con alegría, y no gimiendo; porque esto no os es útil."* Hebreos 13:7; 17 (RVA)

Si eres un ministro Efesios 4:11, no tendrás ningún problema con aquellos que guías si entienden y valoran el regalo que Dios le ha dado. La mayoría de los problemas comienza cuando empezamos a empujar títulos, oficinas y posiciones sin reflejar un corazón de siervo. Sin un corazón de siervo, no deberías estar en el liderazgo sin importar qué regalo tienes o cuán fuerte piensas que es. Cuando nos presentamos por nuestro título o posición, me pregunto: "¿A quién estamos tratando de convencer, a nosotros mismos o a los demás?"

Después de 45 años de formar líderes y construir equipos en la iglesia y la plaza, he descubierto que el mayor problema son los líderes emocionalmente inmaduros. Ellos no entienden su don, nunca lo desarrollaron o simplemente están fuera de lugar. Como el presidente Reagan cuando le dijo al Primer Ministro ruso Gorbachov: «¡Sr. Gorbachov, derribe este muro!" refiriéndose al muro de Berlín que aún separaba Alemania Oriental de Alemania Occidental. Yo creo que Dios ha estado diciendo durante siglos a la Iglesia: "Derriba este muro de separación entre el clero y los laicos".

Todos somos ciudadanos de un Reino gobernado por un Rey. Hay diferentes dones, talentos y habilidades, pero todos han sido llamados, talentosos y facultados. Los ministros Efesios 4:11 necesitan enseñar, equipar, entrenar y apoyar los esfuerzos de sus ministros Efesios 4:1 en la plaza. Los líderes apostólicamente dotados lo harán sin duda. Los líderes pastoralmente dotados tienden a no prestar dicha ayuda y son constantemente desafiados en saber cómo hacerlo.

La ociosidad en la plaza se desvanecerá cuando se elimine este muro y con ello, cualquier tipo de una división de clase de ministerio. Debemos mantener con todo respeto la distinción entre el llamado de ministerio de plaza Efesios 4:1 y el llamado de ministerio quíntuple de Efesios 4:11. Finalicemos el malentendido en el mejor de los casos y la división costosa en el peor, entre los dos llamados separados pero iguales. Si no abordamos este tema, el ocio continuará dominando en la plaza.

8
Las Tres Realidades de la Plaza

Si la Iglesia va a dirigir y producir la actividad en la plaza, debe entender por lo menos tres realidades de la plaza:

Primero, los líderes deben guiar según la época y no según la tradición.

> *"De los hijos de Isacar, expertos en discernir los tiempos, con conocimiento de lo que Israel debía hacer»*. Crónicas I 12.

Todos los hombres nombrados en Crónicas I 12 vinieron a Hebrón en orden de batalla con un propósito único: nombrar a David rey de Israel. Sin embargo, según el texto, parece que sólo los hombres de Isacar sabían qué hacer. Así que muchos quieren guiar, pero no entienden qué está pasando alrededor de ellos, mucho menos en el resto del mundo. Si están informados entonces pocos saben qué hacer al respecto. El liderazgo es mucho más que información y conocimiento; debes saber qué hacer con ello.

Nuestra nación y el mundo entero se enfrentan a muchos desafíos por esa cuestión, pero sin la intervención divina no hay respuestas. Isacar y sus doscientos hombres enfrentaron un momento difícil en la vida de Israel, pero Dios les dio la revelación divina sobre qué hacer a continuación. Él puede hacer lo mismo con los líderes de nuestra nación ya que enfrentan desafíos nunca vistos en nuestro país y en un mundo que se achica y se vuelve más complejo cada día.

Más importante que quién es el Presidente de los Estados Unidos es, ¿cuán eficaces son los líderes cristianos en la plaza, el gobierno y la educación? ¿Cuál es el factor más grande alrededor de la capacidad de un ministerio o una organización de tener influencia a largo plazo e impacto profético en las tres entidades que controla cada nación? Te diré lo que no es: no es una misión, visión, o declaración de valor excepcional, no es la última información y tecnología de comunicación, ni un acceso a herramientas de ministerio ilimitadas, tiempo o dinero, si bien pueden ser útiles.

Creo que el activo más importante, es la capacidad de oír la voz del Espíritu, seguir Su estrategia y desarrollar una pasión para innovar y adaptarse a que Él dirija durante estos tiempos difíciles. Necesitamos mejor sensibilidad a Su voz, no sólo para nuestra nación, sino también para la Iglesia en su conjunto. Si bien la mayor parte de la Iglesia ha mantenido una fuerte lealtad a la Palabra Inerrante de Dios (El Mapa), hemos perdido nuestra sensibilidad al compás (Espíritu Santo): brújulas y mapas deben ir juntos.

Si vamos a maximizar las oportunidades que la Iglesia tiene hoy en la plaza, debemos desarrollar y movilizar a los líderes de todos los niveles de habilidad, talento y dones. Ellos deben "entender los tiempos y saber qué hacer". Necesitan funcionar eficazmente en todos los niveles de oportunidades de liderazgo y desafío en la Iglesia y la plaza.

Si vamos a guiar según los tiempos y no las tradiciones, debemos tener el coraje de invertir todos los recursos disponibles: dinero, buena voluntad, energía, servicios y herramientas de ministerio en formas nuevas e innovadoras, sin abandonar lo mejor de ayer. Es ingenuo pensar que podemos llevar todo el equipaje de ayer en el mañana que Dios ha planeado para nosotros y aun así tener éxito. Los líderes valientes y sabios saben la diferencia entre lo mejor de ayer y las tradiciones perjudiciales para la realidad de hoy.

Los hombres de Isacar sabían la diferencia y sabían qué hacer al respecto. Sabían cómo tomar lo mejor del ayer, combinarlo con las oportunidades de hoy y crear la efectividad de la plaza que sólo algunos sueñan. Hay varias cosas que "los hombres de Isacar" de hoy deben conocer, comprender y ejecutar. Primero, debes conocer la diferencia entre liderar y gestionar tu esfuerzo en la plaza o ministerio.

Es importante establecer metas para tus ideas innovadoras y entender el liderazgo y gestión de hoy y del mañana. Si no entiendes la diferencia, lo más probable es que seas un gerente. Como he dicho anteriormente, los gerentes son líderes por influencia, pero hallan difícil, si no imposible, crear una visión convincente que otros quieran seguir.

Los gerentes son hacedores y los líderes son visionarios y ambos son vitales para la creación de actividad de la plaza. Los gerentes tratan de eficiencia, procedimientos y coordinación de burocracia. Nos mantienen en el camino correcto hoy mientras proporcionan un poco, a veces, de orientación para el futuro. Tienden a limitar la imaginación y creatividad al tiempo que disminuyen el progreso y el cambio crítico. Sin embargo, el presente no podría existir sin ellos.

Los líderes son visionarios. Sueñan acerca de cómo puede ser el futuro. *"He aquí viene el soñador... permítanos matarlo... y ya veremos qué será de sus sueños"* Génesis 37:19-20 (RVA). Ten cuidado con quién compartes tus sueños; y recuerda, no eres un líder sin uno. Si no tienes un sueño, deberías estar manejando el de otra persona. Cuando los ancianos en la época de Moisés no tenían un sueño propio, Dios les colocó el mismo Espíritu que tenía Moisés así podían ayudar a apoyar los esfuerzos de Moisés.

Los líderes visionarios basan su visión en por lo menos dos cosas: innovación e inspiración. La innovación se basa en la sabiduría, el conocimiento y la comprensión inspirada por el Espíritu Santo. Produce el flujo de recursos e influencia a aquellos que añaden valor y los retira de quienes no lo hacen. Un sentido de misión, visión y pasión por la vida por una causa más grande que tú inspira a la gente. La innovación y la inspiración siempre aumentan el valor de las partes interesadas. Al igual que el éxito de hoy no se producirá sin grandes gerentes, la visión del futuro no se producirá sin grandes líderes.

Cuando se habla de objetivos innovadores para el ministerio en la Iglesia y la plaza, considera lo siguiente: los grandes líderes siempre fomentan la renovación del ministerio. Demasiados esperan hasta que las condiciones exijan que debe hacerse algo, pero los líderes inteligentes siempre consideran, no sólo lo qué hacer sino también cómo hacerlo bien.

Los grandes líderes hacen cambios significativos antes de que deban, mientras al mismo tiempo saben sólo cuándo actuar en esos cambios. Los buenos líderes hacen cambios antes de que las cosas se pongan fuera de control. Los malos líderes resisten al cambio y muchas veces no pueden leer la escritura en la pared. Tratan de no hacer cambios necesarios y tienen poco o ningún impacto en el futuro.

Los grandes líderes inspiran constantemente a su equipo para formar parte de innovación de la pasión de todo el mundo. Están en un constante estado de guerra contra el statu quo. Desafiar el proceso no es un evento ocasional, sino más bien una forma de vida. La innovación no es resistida sino valorada y abrazada por todos los líderes en todos los niveles. Los grandes líderes cultivan y desarrollan un entorno de ministerio creativo que dura mientras crean soluciones que funcionan.

"Así es con un liderazgo eficaz. El líder cuyo pensamiento está restringido dentro de surcos gastados, que está completamente gobernado por sus pasiones establecidas y prejuicios, que es incapaz de pensar libremente y que incluso no puede apropiarse de la imaginación creativa y nuevas ideas de los que lo rodean es tan anacrónico e ineficaz como un dinosaurio.

Puede, debido a las circunstancias, permanecer en el
poder, pero sus seguidores seguramente estarían mejor
sin él. " Dr. Steven Sample, Presidente de la USC.

Una de las dos mayores amenazas tradicionales a este tipo de entorno creativo e innovador es: "Nunca antes lo hicimos así." Una segunda amenaza similar es: "¿Qué hay en esto para mí?" Los grandes líderes constante y firmemente resisten estas tradiciones e insisten en que sus integrantes hagan lo mismo.

Los dirigentes que lideran "según los tiempos y saber qué hacer;" entienden las realidades del liderazgo y gestión presentes y futuras. Ellos entienden que las tecnologías de la información y la comunicación son muy parecidas al internet, disponibles para cualquiera en el mundo. Estos líderes son transparentes, con algunos secretos si es que los tienen.

Son dependientes de la integridad personal, saben hay en juego un montón de ganancia financiera personal y se aseguran de que las relaciones correctas permanezcan conectadas. Los líderes que no entienden esta realidad encontrarán su capacidad para liderar eficazmente desafiada en gran parte. Los líderes de plaza entienden esta certeza mientras que los líderes de la iglesia todavía están poniéndose al día.

Entender a nuestra época y ayudar a que quienes lideramos sepamos qué hacer debería estar en la parte superior de la lista de oración y agenda activa de cada líder. Debemos prepararlos para la eternidad, pero al mismo tiempo debemos prepararlos para mañana.

El mundo está ocupado tratando de ayudar a las personas a lidiar con los desafíos de hoy. El Dr. Phil Ophrah y muchos otros parecen tener las respuestas, pero nosotros sabemos mejor. Dios nos ayuda como líderes, no sólo ayuda a lidiar a los que nos rodean sino que los guía en una misión para ser "más que vencedores por medio de Jesucristo nuestro Señor" en el hogar, la iglesia y en la plaza. El mayor desafío para quienes optan por liderar según los tiempos y no la tradición, es la capacidad de ampliar nuestro pensamiento mientras somos guiados por el Espíritu para responder con valentía y convicción a las mejores ideas. Los hijos de Isacar lo hicieron, Jesús lo hizo, ¿por qué no tú?

Impacto Profético en la Plaza

Segundo. La segunda realidad de plaza que la Iglesia debe entender es cómo tener impacto profético apropiado a través de ministros Efesios 4:1. Los ministros de plaza (Efesios 4:1) han marcado una diferencia sustancial durante décadas con poca o ninguna afirmación de los ministros quíntuples tradicionales (Efesios 4:11). La causa ha sido la falta de entendimiento en lugar de un rechazo intencional.

Hay excepciones, pero no hay suficiente aceptación, dado el desafío en el campo de cosecha de la plaza. Este campo de cosecha alberga a quienes generan y controlan la economía mundial, los gobiernos y las instituciones educativas, por eso es tan vital se haga un impacto.

Los ministros de la plaza no son representativos del ministerio quíntuple, sino que son el resultado de trabajar en conjunto con otro. El impacto profético en la plaza requiere comprensión y colaboración por parte de ambos grupos de ministros, porque cada uno tiene un papel esencial que desempeñar. El comando en Mateo 28 queda sin responder sin la sinergia creada cuando ambos grupos comprenden su propia convocatoria y papel.

Es momento de que la iglesia, a través de ministros de la plaza, acelere y proporcione el impacto profético que crea el punto de inflexión. He visto pruebas en la plaza de todos los dones de la ascensión Efesios 4 en mis 45 años de experiencia de plaza. Hay líderes que tienen un don apostólico, otros tienen los dones profético, pastoral, maestro o evangelista. El temor de los títulos y los oficios ha debilitado grandemente o incluso hasta ha eliminado los efectos de estos dones en la plaza.

La Iglesia tendría mucho más impacto difundido que reunido si entendiera su mandato del Reino. Nunca debemos abandonar la exhortación a "No dejen de congregarse" sino recordar todas las razones para esa reunión. Una de las razones es equipar a los santos (ministros de Efesios 4:1) para el trabajo del ministerio que tiene conexión directa con la plaza (Reino). Tendemos a olvidar el contexto de la intención del escritor; los días eran malvados.

El impacto profético va más allá de ofrecer una enseñanza informativa, debe haber una declaración profética que redima, transforme y guíe a la gente a una relación de cambio de vida con su Creador. La declaración profética crea y mantiene un sentido de urgencia para extender el Reino, no para aumentar las funciones de membresía y cifras de asistencia de las congregaciones locales.

El impacto profético implica ministros de la plaza que vivan y compartan el Evangelio *"como corresponde a quien tiene autoridad y no como los escribas."* Marcos 1:22 (RVC) Las declaraciones proféticas siempre desafían y encuentran la libertad para las masas en cautiverio debido a engaño satánico al tiempo que proporcionan estrategias divinas para mover las personas desde la desesperanza a una vida llena de esperanza, paz y verdadera alegría.

Los ministros proféticos de plaza son representantes de esperanza y no proveedores de pesimismo. Fue el mensaje de esperanza que Jesús vino a predicar el que produjo verdadero arrepentimiento y transformó vidas. Al mismo tiempo, la declaración profética no ignora el pecado y todas sus formas del mal que invade cada segmento de la plaza.

No debe haber compromiso o falta de claridad en nuestra declaración del mensaje del Reino si va a marcar una diferencia en la vida de las personas. Ningún tema es intocable independientemente de los costos financieros, asistencia o falta de corrección política. Timoteo II 2:15 debe ser la base para todos los ministros de la plaza:

"Procura con diligencia presentarte ante Dios aprobado, como obrero que no tiene de qué avergonzarse y que usa bien la palabra de verdad." (RVC).

La palabra griega *spoudazo* (diligente) también se traduce como *estudio*. Significa "Sé muy activo" lo que implica una relación íntima con el Autor que proporciona entendimiento maduro y revelación. Las traducciones antiguas aquí son engañosas, muchos piensan que simplemente estudiando su biblia se creará este resultado, pero no es cierto. Se nos anima a "hacer todo lo posible para presentarnos ante Dios", lo que luego nos posiciona para esa revelación. ¿Qué puede tener de bueno estudiar la biblia si no vamos a perseguir activamente Su deseo de ser más parecidos a Él?

Correcto o Políticamente Correcto

Si se nos *"ha dado toda autoridad en el cielo y la tierra"* (Mateo 28: 18), debemos dar una preparación diligente para ese rol. A muchos se les ha dado oportunidades significativas sólo para fracasar y «volvieron las espaldas en el día de la batalla" como la tribu de Efraín, en el Antiguo Testamento. Muchos ministros de alto perfil, en ambos grupos de ministros, tienen una plataforma mundial sólo para comprometerse y fallar en dar una declaración profética en nombre de la corrección política.

Jesús dijo que el Evangelio sería una ofensa, pero el mensajero nunca debería ser ofensivo (por ejemplo Jonás). Sin embargo, la única manera de tener impacto profético en la plaza es entregar un mensaje inflexible. Si decimos que amamos a los perdidos, no comprometeremos a la Verdad, la única herramienta que liberta a la gente.

Muchos confunden impacto profético con ser un idiota. Creen que cuanto más ofenden, mejoran las cosas. Esto proviene de miopía e inseguridad. Los *únicos* a quienes Jesús ofendió eran religiosos. No vemos a Jesús en ninguna parte ofender al mundo; sólo Lo vemos amándolo. La plaza no está buscando una Iglesia; está buscando un lugar para ser amado.

Muchos en la plaza no están buscando la Verdad como nosotros la entendemos. Están buscando una experiencia que cambie su circunstancia actual y les dé una razón para vivir. Nadie tuvo mayor gran impacto profético en la plaza que Jesús, sin embargo, los religiosos Lo vieron como comprometedor. Sospecho que es porque nadie amó a los perdidos más que Él. Constantemente estaba construyendo una equidad relacional con los que la "iglesia" de Su época rechazaba—por desgracia, no ha cambiado mucho.

Él pasaba tiempo con ellos. Él iba a sus casas, fiestas, funerales y muchos otros eventos de la vida. Estaba allí cuando más Lo necesitaban. Estaba cómodo con ellos porque él sabía quién era Él. Sus estilos de vida no Lo amenazaban ni Lo intimidaban, incluso si Él no estaba de acuerdo con lo que estaban haciendo. Los pecadores estaban cómodos con Él porque sabían que Él realmente los amaba sin juicio o crítica.

Muchos hoy en día nunca ponen un pie en un bar o asisten a un evento festivo por temor a ensuciarse, pero Jesús era famoso por ir a ese tipo de eventos, motivo por el cual los líderes religiosos Lo llamaban borracho. La iglesia ha confundido "salid de en medio de ellos" con el aislamiento, y por lo tanto hemos limitado nuestra eficacia dentro de las vidas de quienes más necesitan a Cristo. Ellos recibieron su mensaje porque Él los amaba tanto y ellos lo sabían. El impacto profético de la Iglesia en la plaza estará en proporción directa a su compromiso de amor en la plaza, sin importar cuán fuerte grite el mensaje.

Juan el Bautista se enfrentó a los espíritus malvados y religiosos de su época. Él llamó a la gente al arrepentimiento y santidad, como era su mandato. Su vida fue tan ejemplar que muchos lo confundieron con el Mesías que se estaba esperando. Su mensaje tenía credibilidad debido a la vida que vivía. Funcionó porque éste era su destino. Era el trabajo del Bautista para una línea entre la acción y la mera charla. ¿Podemos hacer o ser menos en nuestra generación y oportunidades de plaza si Dios nos llama a hacerlo?

Hay un precio a pagar por el impacto profético. Cuando nos enfrentamos a los males culturales de nuestros días, siempre hay un costo. Dan Cathy, CEO de los restaurantes Chick-Fil-A, conoce el precio de tener impacto profético en la plaza. La verdad de "...todos los que quieren vivir píamente en Cristo Jesús padecerán persecución." Timoteo II 3:12 (RVA) está comenzando en los Estados Unidos e irá en aumento. Muchos de los que hablaron de Dios en Hebreos 11 terminaron siendo apedreados, torturados, encarcelados, escarnecidos y crucificados.

Les está pasando ahora a nuestros hermanos y hermanas en las naciones restringidas alrededor del globo. ¿Cuántos, especialmente en Occidente, están dispuestos a ser "bendecidos" según Mateo 5:11-12, *Bienaventurados serán ustedes cuando por mi causa los insulten y persigan, y mientan y digan contra ustedes toda clase de mal"* Sí, el costo por el impacto profético es grande, pero la recompensa es mayor. No estemos "ociosos en la hora undécima" en la plaza.

Tercero La tercera realidad de plaza que la Iglesia debe entender es que el Mundo es nuestra parroquia. Si la Iglesia, no la organización sino la ecclesia, quienes son llamados cumplen con su mandato "... *discipular a todas las Naciones*" (Mateo 28:19), creo que deben llevarse a cabo los siguientes cuatro ajustes ya que la Iglesia ve que el mundo es su parroquia.

Primero, nuestra filosofía de ministerio debe cambiar de tradicional a bíblica. Términos como clérigos, laicos, a tiempo parcial, a tiempo completo, llamados, seculares y bivocacional han contribuido a la incapacidad de la iglesia de disciplinar naciones enteras. Dios nunca tuvo la intención de hacer estas divisiones y distinciones que existen, especialmente teniendo en cuenta su deseo para el sacerdocio de todos los creyentes descritos en Éxodo 19:6; Pedro I 2:5, 9 y Apocalipsis 1:6.

Su deseo siempre ha sido una alianza Divina para la expansión del Reino como se ve en Efesios 4:1. El texto declara que todos que los cristianos son llamados a un servicio a tiempo completo como sacerdotes del Nuevo Testamento, sin importar el lugar del servicio sagrado. Efesios 4:11 habla de los "llamados" de aquellos en Efesios 4:1. Con instrucciones claras, deben equipar a los ministros 4:1 para la "obra del Ministerio" en el campo de servicio donde Dios los ha llamado.

Segundo, debe cambiar la mentalidad de nuestro ministerio de expansión de colocar una iglesia a la expansión del Reino. La colocación verdadera de la iglesia siempre es un subproducto de la expansión del Reino en las tres entidades que controlan cada nación. Estas entidades son: la plaza que crea toda la riqueza y conduce la economía, los gobiernos que aprueban leyes y reglamentos para mantener el orden y las instituciones educativas que determinan los valores y las filosofías de cada generación. Demasiado a menudo, plantamos iglesias y luego tratamos de crear la demanda.

Sólo los apasionados ministros Efesios 4:1 que contestan una llamada divina y ven el mundo como su parroquia pueden efectivamente crear esa demanda.

La actividad de plaza debería sólo referirse a crear un sentido de urgencia. Superar la ociosidad en la plaza no está asumiendo todos los focos culturales que debaten si es o no cristiano. Tenemos suficientes expertos religiosos dispuestos a participar de esos debates. Jesús nunca se permitió entrar en esas discusiones. Nunca parece haber ningún ganador, sólo compromiso.

Jesús nos enseñó cómo operar en la plaza. Siempre estaba ocupado con las citas establecidas por Su Padre. Lo podías encontrar en la plaza, sacando agua para una persona marginal, alimentando a 5 mil hombres hambrientos con un almuerzo casi suficiente para alimentar a un niño, sanando a cientos de enfermos o convirtiendo agua en vino. Él no tenía que decirle a la gente quién era Él, simplemente lo demostraba con facilidad.

Los ministros quíntuples Efesios 4:11 deben enseñar, formar y enviar ministros Efesios 4:1 de tiempo completo a estos campos maduros con una mentalidad de Reino, no con una motivación estadounidense de aumentar la riqueza. Necesitan infiltrase por llamado divino, elevarse por favor divino y finalmente dominar estas entidades controladoras, debido a su influencia como sal y luz por poder Divino. Entonces la iglesia tiene la responsabilidad de conservar los resultados de estos esfuerzos de ministerio (no secular) colocando congregaciones locales para que hagan todo nuevamente.

Tercero, nuestro modelo de liderazgo de ministerio en cada congregación local debe incluir todos esos cinco dones de liderazgo vistos en Efesios 4. Entonces un líder ungido puede proporcionar la oportunidad para que los otros cuatro operen en un espíritu de cooperación, no de competencia.

La excelencia debe prevalecer en la enseñanza, formación y ejecución de estos dones en un ambiente de amor y de fe. Muchos reclaman el título y la oficina, pero el impacto de su don es menos que deseable.

El liderazgo en la iglesia y la plaza no se trata de la autoridad para comandar sino más bien una pasión para servir (Marcos 10:45). El gran liderazgo trata de influencia, no de comando y control. Lo que no se puede no lograr a través de la relación e influencia nunca pasará a través de un liderazgo posicional, electo o designado.

Los dones de la ascensión de Cristo en Efesios 4 proporcionan supervisión a los dones del Espíritu Santo mencionados en las cartas a los Corintios y a los Romanos. Ellos ayudarán a cada congregación local a gestionar el presente y proveer liderazgo para el futuro de la Iglesia y la plaza. Son tan vitales para el éxito de la iglesia del siglo XXI como eran para la Iglesia del Primer Siglo.

Su uso previsto es tanto diario para la plaza como para el domingo en la reunión de la Iglesia. No eran para el uso exclusivo de los ministros Efesios 4:11 en el ámbito de la iglesia, sino también para los ministros Efesios 4:1 que hacían guerra espiritual en los blancos campos de cosecha.

Cuarto, el equipo de liderazgo debe saber cómo proporcionar liderazgo estratégico, no sólo las funciones de gestión. El pastor (como don) por definición es un gestor y como tal, gestiona las ovejas. El don pastoral pastorea y se preocupa por el rebaño. Alguien debe saber cómo crear una visión convincente para el futuro y eso requiere un don diferente.

Todos los problemas de gestión son simplemente indicaciones de fracasos previos de liderazgo, tales como el derrame de petróleo de algunas compañías petroleras, iglesias cerradas y líderes derrotados. Sólo los dones de liderazgo apostólico pueden abordar esas cuestiones con eficacia.

El liderazgo se trata principalmente de cambio. Disciplinar a una nación requiere de grandes líderes, no buenos gerentes. Los grandes líderes realizan cambios cuando no tienen que hacerlo; los buenos líderes los hacen cuando deben; y los pobres líderes están vendiendo boletos después de que el tren ha salido de la estación. Si fuera posible, los gerentes de cada generación harían más reglas y reinados de autoridad más apretados. Ellos debaten sobre estilo, forma y proceso.

Discuten el pasado, debaten el presente y a veces argumentan cosas sobre cuya interpretación del futuro es correcta. Todo esto hace poco para cambiar nuestro mundo de manera significativa. Necesitamos buenos gerentes porque traen orden a la visión de crear líderes estratégicos. Sin embargo, solo con una buena gestión nunca se influirá y disciplinará una nación. Esto exige liderazgo estratégico cuyo trabajo es crear sinergia para cambiar alrededor de un paisaje cambiante.

Si el mundo es nuestra parroquia, el comando de la Iglesia está enviando a los ministros del evangelio a formar discípulos; sin embargo, debemos entender que no podemos gestionar nuestro camino allí. La iglesia debe desarrollar líderes estratégicos que sepan cómo disciplinar a los fieles mientras que desarrollan futuros líderes estratégicos en cada generación para la plaza, el gobierno y la educación.

Los líderes organizacionales deben aprovechar el momento e inspirar a quienes conducen a cumplir estas oportunidades que se dan una vez cada tanto. El mundo siempre se encuentra a una generación de ser evangelizado y discipulado, si esa generación viera al mundo como su parroquia y no limitara sus esfuerzos de ministerio dentro de las paredes de un centro local de la iglesia.

De la misma manera en que Jesús ordenó a Lázaro que se libere de sus ropas mortuorias, los ministros Efesios 4:11 deben liberar a sus ministros Efesios 4:1 de las tradiciones que han dificultado mucho la evangelización mundial y las naciones enteras de ser discipuladas.

Cuanto más la iglesia entienda estas realidades de la plaza, más impacto profética tendrá. Sin esta comprensión y compromiso para cambiar la cultura de plaza, corremos el riesgo de repetir intentos anticuados y fallidos de alcanzar el mundo que Jesús vino a salvar. Te invito a convertirte en el líder de plaza que tus colegas y compañeros de trabajo mueren por ver.

9
Por qué la Plaza y Por qué Ahora

¿Por qué la plaza? ¿Por qué Jesús, los líderes de la Iglesia del Primer Siglo y especialmente el apóstol Pablo pusieron tanto énfasis y esfuerzo en la plaza? Probablemente fue porque la plaza toca a todos los que viven sin importar dónde vivan. Ya sea directa o indirectamente, incluso en las zonas más remotas, lo que ocurre en los centros económicos del mundo afecta a todos. Juega una parte en cada sociedad y grupo de gente. Afecta cada sistema político, poderío militar y era histórica desde Abel y Caín hasta los centros de poder de la actualidad en Wall Street, Londres, Beijing, Nueva Delhi y Tel Aviv.

Piensa en los mercados atenienses de la época de Pablo, las rutas del comercio de seda de Marco Polo, las minas de oro de África y los campos petrolíferos de la península arábiga, todos tienen una cosa en común—están buscando comerciar bienes y servicios de intercambio para ganar dinero para sobrevivir y algún día, prosperar y ascender en la escala social. Todos esperan enriquecerse y transformar sus vidas y las de sus seres queridos. Sólo quienes tienen más de lo que necesitan para sobrevivir son capaces de dar y apoyar la expansión del Reino.

Jesús, siempre atraído por la plaza, estaba en casa con propietarios de negocios, recaudadores de impuestos y mujeres empresarias. En Mateo 9, asistió a una cena organizada por Mateo, ex recaudador de impuestos, un nuevo converso y ahora fiel seguidor de Jesús. En otra ocasión, Él se dirigió a la casa de un recaudador de impuestos corrupto llamado Zaqueo. Zaqueo tuvo un cambio de corazón, hizo una restitución del 400% a los que le había sacado dinero y entonces Jesús pronunció una bendición en su casa. Un grupo de mujeres emprendedoras apoyaba a Jesús, pequeño propietario y a Su equipo, formado por discípulos de la plaza (Lucas 8:1-3).

Muchas de las historias y parábolas compartidas por Jesús tenían un sabor a plaza. Una historia contaba que un líder de la plaza dio varias cantidades de dinero a tres inversores individuales y volvió más tarde para una contabilidad (Mateo 25:14-30). Dos duplicaron su dinero y fueron muy elogiados por sus esfuerzos. El tercero, por temor a perder su "semilla", la enterró en el suelo y fue castigado por no invertirla sabiamente.

Los dos primeros vieron oportunidades sólidas de inversión y tuvieron dividendos mientras que el tercero esperó la oportunidad perfecta que nunca llegó. Todo acerca de la vida cristiana trata de aumentos, ya sea crecimiento personal, almas o finanzas.

Los líderes de la Plaza Son un Don

Los líderes de la plaza (ministros Efesios 4:1) son un don para la obra del Reino de Dios así como los ministros quíntuples Efesios 4:11— apóstoles, profetas, pastores (pastores), maestros y evangelistas. Si la plaza se ve afectada, es porque estos dos grupos de ministros encuentran una manera de honrar y afirmar los dones del Reino. Cada uno tiene una tarea clara dada por Dios para cumplir.

Durante siglos, los ministros de la plaza, lamentablemente conocidos como laicos, fueron marginados y despreciados como dones de Dios para mejorar y extender Su Reino en el mundo. Como resultado, han surgido grupos paraeclesiásticos que atienden el clamor del corazón de varios líderes de plaza que saben que son llamados a ministros — no sólo apoyan a quienes lo hacen. Estos ministros de la plaza necesitan ser reconocidos, afirmados e incluidos como socios vitales en el equipo de evangelización mundial.

Muchos de los que luchan en la búsqueda de un lugar en los equipos de ministros Efesios 4:11 no son llamados a estar en ese equipo. Sin embargo, debido a la falla de la Iglesia en reconocer y afirmar su don y vocación, desesperadamente tratan de hacer que suceda porque no comprenden su llamado en la plaza. No debería haber clases de ministros en el Reino — sólo diferentes tareas y ubicaciones de servicio. Los líderes de la Iglesia no deben fracasar en sus esfuerzos por ser sinceros y coherentes al orar por el favor de Dios en todos sus esfuerzos de ministros y ministerio de la plaza.

El éxito del Reino se determina por la calidad de la enseñanza, formación y entrenamiento de los ministros Efesios 4:11 a sus ministros Efesios 4:1 para ganar todos los días. Jesús creía que esto evidenciaba por la cantidad de tiempo que Él pasó con Su propio equipo de plaza. Él ignoró totalmente el sistema eclesiástico de su época cuando sentaba las bases para Su Reino. La iglesia ya no puede permitirse ignorar el mayor recurso a su disposición: los ministros Efesios 4:1 y la plaza donde pasan dos terceras partes de sus vidas.

¿Por qué la plaza? Porque es ahí donde se luchan la primera y última batalla por el Reino. Toda religión y poder político que existe y ha existido sabe que para ganar, se deben controlar los recursos del mundo en la plaza. Cualquier estudiante de historia mundial conoce ese hecho fundamental. Mientras que la iglesia del siglo XXI parece confundida o vacilante sobre tener impacto profético impactando en las plazas del mundo, el apóstol Pablo nunca tuvo esta misma preocupación.

Usando la iglesia vernácula tradicional de hoy, Pablo habría sido, en el mejor de los casos, un ministro bivocacional y en el peor, un laico. La asociación ministerial local sin duda no le hubiera dado credenciales. No se disculpó por su linaje delineado en Filipenses 3 y Corintios II 11. Era de la tribu de

Benjamín, hebreo de Hebreos. Según ley judía, era un fariseo, un abogado en ejercicio.

Cuando Jesús lo tiró de su caballo en el camino a su ciudad natal de Tarso, él iba allí con una orden de arresto para cualquier cristiano que fuera a encontrar. Cuando comenzó a vivir por la ley, no hubo nadie mejor — era impecable. Sin embargo todo lo que aprendió en el sistema religioso de su época no servía para nada. Nada de eso tenía ningún valor en el llamado que Dios tenía en su vida para la plaza.

Pablo era un fabricante de tiendas por comercio, elección y vocación. No fue a la plaza en Hechos 18 porque estuviera quebrado, necesitara empleo o porque era una falla en el sistema religioso de su época. Él fue allí a causa de lo que estaba pasando en su mundo en el momento debido al creciente Imperio Romano, la convergencia de las culturas y las demandas de la plaza. La Pax Romana (latín para "Paz romana") duró desde 27 a.c. hasta 180 d.c.

Durante ese tiempo hubo relativa paz, prosperidad y estabilidad en todo el mundo. No había grandes guerras o disturbios aunque puede haber habido una pacificación forzada como algunos historiadores la describen. Los servicios públicos aumentaron bastante incluyendo el edificio de la Vía Apia (red de calzada romana) y otras maravillas de la ingeniería de ese día. En el imperio prevalecía una sola lengua, el griego koiné. Viajar era fácil y el comercio aumentó considerablemente. Todo esto fue propicio para el surgimiento del cristianismo.

El Apóstol Pablo No Era Bivocacional

Pablo nació en Tarso, fue criado en Jerusalén, formado por Gamaliel y era judío por fe y cultura. Tarso era una ciudad rica y prestigiosa, una de las principales ciudades universitarias en la región. Fue una confluencia de culturas, junto con su educación y capacitación que ayudó a formar su personalidad y estilo de liderazgo. Estaba entre la elite educativa, probablemente en la parte superior del dos o tres por ciento de su clase — tal vez una de las razones por las cuales fue un escritor prolífico y utilizado por el Espíritu Santo para escribir por lo menos trece libros del Nuevo Testamento. Junto con la ventaja de la ciudadanía romana, Pablo aprovechó todo esto en su convocatoria para la plaza y la forma de vida misionera que vivió allí.

¿Cómo y por qué trabajó en la plaza cuando fácilmente podría haber tenido una vida superior ejerciendo como abogado? Pablo trabajó probablemente por muchos motivos, algunos obvios, otros no. Principalmente, creo que trabajó en la plaza porque era su llamado y mejoró su capacidad y oportunidades para difundir el Evangelio. Hay muchos ministros frustrados tratando de llenar púlpitos, que serían mucho más eficaces como ministros en la plaza. Se sentirían más satisfechos y sus familias serían mucho más felices y bendecidas. No sé dónde provino la idea de que para ser llamado ministro, no tienes que trabajar más.

Pablo no trabajaba para sobrevivir o porque el dinero era escaso; trabajaba porque le gustaba. Mencionó en una de sus cartas que las personas que comían eran personas que trabajaban. No estoy diciendo que para ser un líder eficaz tienes que tener un empleo, estoy diciendo que tener un trabajo no significa que no eres un líder eficaz.

El trabajo de Pablo no era una distracción a su llamado, era parte de él.

Era una parte esencial de su llamado. Él no veía su vida como dividida entre totalmente dedicada a Cristo y a construir el Reino de Dios. En la vida de Pablo no existía lo secular opuesto a las distinciones sagradas, como no debería existir en la nuestra.

Miremos algunos pasajes de la Biblia que describen el abordaje de Pablo al ministerio de plaza. *"¿O sólo yo y Bernabé no tenemos potestad de no trabajar?"* Corintios I 9:6 (RVA) podría referirse a Pablo y a Bernabé apoyándose en una misión a Chipre y Galacia. Pablo también escribió: «*Y cuando estaba entre ustedes... los hermanos que vinieron de Macedonia me trajeron todo lo que necesitaba. Y estando con vosotros y teniendo necesidad, a ninguno fui carga*». Corintios II 11:9 (RVA)

Pablo trabajaba para no ser una carga, pero también permitía que otros lo ayudaran con sus necesidades. Otros pasajes como Tesalonicenses I 2:9 y Tesalonicenses II 3:8 hablan de *"trabajando día y noche"* y no comer sin pagar por ello, como se mencionó anteriormente. Al mismo tiempo, Pablo hace un argumento muy sólido en defensa del derecho a ser apoyado por los destinatarios de su mensaje.

No creo que podremos saber con certeza por qué decidió no ser apoyado totalmente por los destinatarios de su mensaje. En mi vida y ministerio, ya he tenido suficiente en ambos sentidos, pero nunca sentí que uno era superior o más espiritual que el otro. Pablo debe haber sentido sus convicciones alineadas con su vocación. No creo que se sintiera en conflicto sobre cómo el Señor proveyó para sus necesidades personales y viajes misioneros.

Se hace demasiado sobre aquellos que están en el ministerio a tiempo completo, tiempo parcial, o bivocacional (dividiendo su ministerio con un trabajo secular en la plaza). Esta distinción ha llevado a juicios injustificados, así como el mal comportamiento para con los ministros jóvenes que dan su corazón y alma cuando actúan en ambos modelos. Desafortunadamente, muchos en posiciones pagas de ministerio no son más ungidos que si uno fuera un astronauta, pero debido a que muchos no pueden distinguir entre la vocación y el carisma, la vida sigue. Pablo así vivió por esta regla increíble: *"Pero una cosa sí hago"*, no importa dónde lo llevó su llamado.

Personalmente, creo que el ministerio de Pablo despegó en Hechos 18. En el versículo 3, se convierte en socio con Priscila y Aquila en una tienda haciendo negocios. Esto le dio una plataforma para el ministerio mientras aportaba valor a la plaza. Una observación interesante es que aunque Priscila y Aquila fueron empleados en la plaza, tuvieron un profundo impacto en Apolos, un judío nativo de Alejandría que era "poderoso en las escrituras."

> *«Por esos días llegó a Éfeso un judío de Alejandría, que se llamaba Apolos. Era muy elocuente, y tenía un sólido conocimiento de las Escrituras; Además, había sido instruido en el camino del Señor, y con espíritu fervoroso hablaba y enseñaba con precisión todo lo concerniente al Señor. Pero sólo conocía el bautismo de Juan. Apolos comenzó a hablar en la sinagoga sin ningún temor, Pero cuando Priscila y Aquila lo oyeron, lo llamaron aparte y le expusieron con todo detalle el camino de Dios».* Hechos 18:24-26 (NLV)

En el versículo 4, razonó con griegos y judíos en la sinagoga en el día de reposo. En el versículo 5, Silas y Timoteo vinieron de Macedonia con la ayuda financiera, pero eso no le impidió continuar su ministerio en la plaza mientras hacía sus negocios. De Hechos, capítulos 18-20, podemos concluir que Pablo no consideró mutuamente excluyentes la fabricación de carpas, predicación y enseñanza, plantación de iglesias y viajes misioneros. Él permitió que otros contribuyeran a sus esfuerzos, pero no como su principal apoyo. Pablo muchas veces no solamente se mantuvo a sí mismo sino también a los de su equipo.

El Líder Consumado de la Plaza

Pablo modeló lo que debería ser el modelo para la inmensa mayoría de todos los cristianos que tienen responsabilidades en la plaza asignadas por Dios para cumplir con su llamado y ministerio. Pablo trabajó en un ambiente muy anticristiano, peor o igual al que tenemos hoy. Si no puedes modelar la vida cristiana en la plaza, lo más probable es que seas un farsante en el mundo de la Iglesia.

Pablo soportó todas las tentaciones mundanas sin comprometer su testimonio. El modeló la ética empresarial y de la plaza, así como la moralidad de una manera que debería inspirar a todos los ministros de la plaza.

> *"Si eres ladrón, deja de robar. En cambio, usa tus manos en un buen trabajo digno y luego comparte generosamente con los que tienen necesidad»* Efesios 4:28 (NTV).

> *"Pónganse como objetivo vivir una vida tranquila, ocúpense de sus propios asuntos y trabajen con sus manos, tal como los instruimos anteriormente. Entonces la gente que no es cristiana respetará la manera en que ustedes viven, y no tendrán que depender de otros».* Tesalonicenses I 4:11-12 (NTV)

Pablo tuvo al menos cuatro motivos primarios para la forma en que vivía y trabajaba en la plaza. Primero, en Tesalonicenses I 2 y 4 deja claro su amor para compartir el evangelio como compartió su vida. Segundo, sirve como modelo para todos los cristianos como un trabajador y un discípulo en la plaza. Tercero, ganó el respeto de quienes se encuentran fuera de la "casa de fe". Cuarto, modeló una fuerte "ambición" para vivir una vida tranquila y ordenada, no retirado de la sociedad, pero con integridad en un mundo "salvaje".

No había duda en la mente de Pablo en cuanto a su misión en la plaza. Según Corintios I 1:16, Pablo se había comprometido a convertir familias enteras. El ser de ascendencia judía y ciudadanía romana le ayudó a desarrollar una red social amplia y amplia. La plaza proporcionaba un contexto para que él operara un negocio rentable de fabricación de tiendas donde pudiera ofrecer el Evangelio en situaciones reales de vida y en tiempo real sin restricciones.

Esta es una oportunidad que la mayoría de los ministros quíntuples nunca tendrá la alegría de experimentar de manera normal. He tenido muchas más oportunidades para compartir el Evangelio en el límite de la sociedad, las calles y la plaza, de la que tenía dentro de las instalaciones de la iglesia.

La estrategia de Pablo fue alcanzando e influenciando los principales centros urbanos de su época. Su trabajo se centró principalmente en torno a cuatro grandes centros urbanos: Atenas, Efeso, Corinto y Roma. Él sentía que si alcanzaba la ciudad más importante de una región, era como si la región entera fuera alcanzada. Plantó iglesias en las fronteras del Evangelio donde Cristo no fue conocido, según Romanos 15:20.

Fortaleció y maduró iglesias que ya había plantado. Él tenía un ministerio para los judíos, pero fue llamado a ser Apóstol de los gentiles. Nada de esto hubiera ocurrido de la manera en que ocurrió sin su llamado y su pasión por la plaza. Pablo dijo que los líderes de la Iglesia no tuvieron nada que añadir a lo que él estaba predicando.

Su reputación como grandes líderes no logró cambios en Pablo porque Dios no tiene favoritos y él lo sabía. En cambio, dijo que vio que Dios le ha dado la responsabilidad de predicar a los gentiles al igual que Él ha dado Pedro la responsabilidad de predicar a los judíos — un candidato más improbable, podría agregar.

Pablo sintió que el mismo Dios que había trabajado a través de Pedro como el apóstol de los judíos también había trabajado a través de él como el apóstol de los gentiles. De hecho, Jaime, Pedro y Juan, conocidos como pilares de la iglesia, reconocieron el don que Dios dio a Pablo y aceptaron a Bernabé y a Pablo como compañeros de trabajo. Alentaron a Pablo y a Bernabé para seguir predicando a los Gentiles, mientras continuaban su labor con los judíos.

¿Por qué la plaza y por qué ahora? Porque era la pieza central de la Iglesia del Primer Siglo y si la Iglesia cumple su mandato de Mateo 28, debe ser la pieza central de cada generación incluso la de hoy. En la actualidad, la Iglesia está obteniendo algunas victorias para evangelizar a algunas zonas del mundo, especialmente Asia y África.

Las organizaciones que plantan iglesias son activas y hacen progreso en los grupos de personas no alcanzadas en estas regiones. Sin embargo, los esfuerzos en la plaza son mínimos en el mejor de los casos y ociosos en la mayoría de los "supermercados" del mundo donde se toman decisiones económicas más importantes.

Jesús y Pablo tenían muchas razones para ir a la plaza que iban más allá de su necesidad de dinero. Estoy seguro de que sabían que allí estaba la mayor necesidad del mensaje del Evangelio. Esa Iglesia del Primer Siglo fue cualquier cosa menos ociosa en la plaza de su día. Las señales y maravillas fueron más comunes en la plaza que en las reuniones de la iglesia a la que asistían. De hecho, de los 39 "milagros de poder" registrados en el libro de Hechos, 38 sucedieron en la plaza.

El don de evangelista estaba vivo y bien en la plaza. Eso sugiere la razón por la que tenemos muchos evangelistas ociosos. Están tratando de ejercer su don en la iglesia donde es fácil, cuando su don y consagración es para la plaza si el don que Dios les dio es verdadero. Si no puedes obtener resultados en la plaza con tus supuestos dones, entonces es probable que no lo tengas.

No Todo Ministro Viajero es un Evangelista

Llamamos evangelista a todos los que viajan de iglesia en iglesia ya sea tengan o no el don. Creo que ha causado confusión en el cuerpo de Cristo y hecho un flaco favor a aquellos que tienen el don, así como a aquellos que no lo tienen. Un verdadero evangelista tiene un don para compartir el Evangelio con aquellos que nunca han oído hablar y ayudar a todos los creyentes a estar cómodos compartiendo su fe con su propia personalidad. Pablo le dijo a Timoteo, el pastor: "Haz el trabajo de un evangelista".

La mayoría de los que viajan como evangelistas en la práctica son renovadores, maestros, "músiconaristas" y otros ministros válidos, pero ciertamente no evangelistas. El don de evangelista es más necesario en la plaza que en el mundo de la iglesia. Me aventuraré a decir que los evangelistas que dedican su tiempo yendo de iglesia en iglesia no son verdaderos evangelistas.

Un amigo mío escuchó una historia sobre un evangelista llamado Reinhard Bonnke. Estaba visitando una iglesia local en los años 80 con el fin de aumentar el apoyo para sus esfuerzos en África. Según Bonnke, no podía mantener su mente en la misa porque todo lo que podía hacer era pensar en la discoteca local donde estaba la mayoría de los jóvenes de la ciudad el sábado por la noche.

Después del servicio, tomó unos pocos jóvenes e hizo su camino a la discoteca con su corazón latiendo fuertemente. Preguntó al gerente si podía tomar el micrófono durante cinco minutos diciendo que llegó desde África para hablar con los jóvenes. Sorprendentemente, el gerente estuvo de acuerdo y le dio el centro de la pista durante cinco minutos.

Bonnke dio un mensaje del evangelio sencillo y luego preguntó quién quería conocer a "este Jesús". La juventud comenzó a llorar en toda la discoteca. Muchos vinieron a

Cristo esa noche. Un año más tarde, regresó a la misma iglesia para otra reunión. Uno de los jóvenes lo recogió en el aeropuerto y le dijo que tenía una sorpresa para él. Lo llevó más allá de la antigua discoteca en el camino a su hotel.

Lo que antes era el asiento de la juventud de esa ciudad era ahora una iglesia que cumplía la misión de Dios en el mundo. Ni bien entró fue rodeado de gente joven que le decía: «¡Yo era el que trabajaba en la iluminación!" y otro dijo: «Yo era quien trabajaba en las concesiones! ¡Ahora estamos sirviendo a Jesús!» Eso es un evangelista.

Pablo decidió responder al llamado a la plaza porque le ayudó a modelar un estilo de vida que otros cristianos podrían emular más fácil que el de un ministro profesional con muchos más dones. Él validó el llamado genuino al ministerio en la plaza. Pablo demostró que el ministerio en la plaza no es un llamado inferior al del ministerio quíntuple sino un elogio.

Su llamado a la plaza lo puso en relación con una vasta red de potenciales seguidores de Cristo. Sobre todo, le ayudó a demostrar que la vida cristiana no es simplemente un sistema de creencia religiosa sino una forma de vida que te convierte en un vencedor en todos los ámbitos de la vida, incluso en la plaza.

Cuando la Iglesia empiece a reconocer y afirmar el llamado a la plaza con la misma estima que lo hace con el ministerio quíntuple comenzarás a ver más actividad parecida al ministerio de Pablo en la plaza de su época. Cuando la actividad en la casa de la iglesia tiene prioridad sobre la plaza, la plaza permanece ociosa. Cuando la actividad en la iglesia no es relevante para la plaza, habrá poca motivación para la mayoría de los cristianos a ser activos en cualquier lugar o poca motivación para que las personas de la plaza vayan allí.

Mientras la Iglesia se empeña más en llenar su casa con cuerpos tibios de lo que hace para llenar la plaza con soldados entrenados, la plaza permanece ociosa. Mientras la Iglesia pasa la mayor parte de su tiempo y energía motivando a los miembros a responder a las preocupaciones institucionales, le queda poco tiempo para equipar a sus miembros a ser los que responden primero en la plaza.

¿Por qué la plaza? Porque es ahí donde las verdaderas batallas por las almas de los hombres se luchan y se ganan o pierden. ¿Por qué ahora? Porque cada día unas 156.000 personas mueren mientras que su destino eterno pende en la balanza. ¿Cuánto tiempo más puede permitirse la Iglesia permanecer ociosa en la plaza?

"Y saliendo cerca de la hora undécima, halló otros que estaban ociosos; y díceles: ¿Por qué estáis aquí todo el día ociosos?" Mateo 20:6 (RVA)

Made in the USA
Middletown, DE
18 May 2019